掌控管理

THE LEADER'S
GREATEST RETURN

ATTRACTING, DEVELOPING, AND MULTIPLYING LEADERS.

[美] 约翰·麦克斯韦尔 – 著

张秘 – 译

北京联合出版公司
Beijing United Publishing Co.,Ltd.

此书献给吉姆·布兰查德和西斯·布兰查德夫妇

他们的一生影响了成千上万的人，包括我！

他们的榜样激励着我成为一个更好的人，

他们的友谊使我感到自己被珍视，

他们的爱告诉我如何关心别人，

他们的领导力让我看见他人的潜力，

他们的价值观为我树立了人生的榜样，

他们对所有人说："跟着我。"

他们让成千上万的人过上了更好的生活，

他们是一对漂亮的夫妇，真心希望你也能认识他们！

致 谢

我要感谢查理·韦策尔（Charlie Wetzel）以及在撰写和出版本书过程中所有帮助过我的团队成员，感谢支持我的所有人，你们都给了我超乎想象的能量，这使我能够为他人增值。让我们一起创造不同吧！

目 录

引言
培养领导者，人人受益

为什么要极力培养领导者？为什么要花那么多时间、精力，调动各种资源来帮助他人成为领导者呢？这么做的意义是什么？

看看我们的周围，好的领导者是非常稀缺的，世界各地皆如此。各国的企业、机构以及所有家庭中，都需要更多、更优秀的领导者，因为对于领导者来说，没有什么比吸引、发展和培养更多领导者的投资回报率更高了。对于任何国家、家庭、组织或机构来说，好的领导者都是成功的关键，所以我要帮助你培养领导者。好消息是领导者是可以培养出来的，我将告诉你，如何掌控领导力，以获得最大回报；领导者如何为他人增加价值，让他人成为领导者，让所有人获益。如果你是领导者，不管什么级别或职位，一旦你开始有意识地培养领导者，你的组织就会受益。那么，让我们从现在开始吧。

培养领导者的基本要素

我花了数十年时间才领悟到培养领导者的关键要素。我失败过，也成功过。我将毕生的心血投入到培养人才中，却不得不让有些人离开,我看到很多有潜力的人,他们却不自知,到头来,他们永远都无法成为自己想成为的那种人。一路走来,我有过失望,也有过沮丧,但是我绝不放弃,因为没有什么投资比培养领导者回报更高了。

在开启领导力之旅前,你需要做好以下准备:

1. 培养领导者并非易事但绝对值得

如果你的下属各色各样,我想你肯定会觉得当领导是一件苦差事。实际上,没有哪个领导者过得轻松自在。如果领导者今天过得很轻松,那么明天肯定会不容易。所有值得付出努力的都是爬上坡路。如果生活的目的就是为了安逸舒适,那么但凡理智尚存的人,都不愿接受领导的要求。

培养领导者就更加困难了,就像驯猫一样。这就是为什么那么多领导者更愿意吸引追随者,领导追随者,而不是主动寻找和培养领导者。追随者惯于追随,而这种行为之于领导者,则十分罕见。

然而,培养领导者,就会获得高回报。正如我的朋友阿特·威廉姆斯(Art Williams)经常说的那样:"我不敢保证这样做很容易,但我敢向你保证,这样做一定值得。"

一想到培养人才,我不禁会心一笑。四十七年来,我全心全意地帮助人们学习如何领导。最初,我只想培养几位领导者,后来越做越大,远远超出了我的想象。今天,我见证了数以百万计的男男女女通过培训成为领导者。刚开始的时候,我根本无法想象自己能写出一本关于领导力的书。后来，我积累了一定的经验，开始动笔写下来，我原以为自己最多能写两本书，现在却已经写了几十本。一开始我只是为自己的社区培养了几位领导者，而现在，我的组织已经为全世界各个国家培养了领导者。

我欣慰的不是数字的多少，而是因为每个数字都代表一个人。我可能不知道所有人的名字，但是我培训过的每一个人，都因为另一位领导者而得到了提升，从而过上了更好的生活。这些成长起来的领导者拥有了更好的职位，并在改善他们周围的人的一生，一切大有作为。

> **我不敢保证这样做很容易，但我敢向你保证，这样做一定值得。**
>
> ——阿特·威廉姆斯

在我 25 岁那年，我发现领导力决定一切的兴衰成败。我坚信这一真理，这促使我成为领导者。如今，我的信念更加坚定，这驱使我去培养其他领导者。这项任务值得我倾尽全力，为他人增加最大价值，也带给我无与伦比的快乐。培养领导者是集领导者的时间、精力、影响力、理想、文化、财产和使命于一体的综合性行为。

2. 培养领导者永无止境

意识到领导者的重要性那年我才 21 岁。从那时起，我就开始有意识地自我成长为领导者。一开始，我以为自己到了某个年龄，自然而然就会成为领导力专家。那么，到底需要多长时间才能实现呢？我想，五年，十年，十五年以后我就会懂得该懂的东西了吧，现在我已到古稀之年，终于找到了答案。那就是，永远没有终点！我对领导力了解得越深，就越清楚自己不懂的太多了。我现在比以往任何时候都更渴望学习领导力。

维斯蒙特学院的校长盖尔·毕比（Gayle Beebe）对领导力发展进行了广泛的研究。在 *The Shaping of an Effective Leader* 一书中，他写道：

> 想要真正透彻理解领导力，不可一蹴而就，需要花很多时间。可是，在我们所处的快节奏文化中，作为领导者，我们却常常想走捷径，对成为优秀的领导者必不可少的思维、反思和行动不够重视。想要深刻了解领导者的成长路径以及领导力的重要性，需要智慧、辨别力和洞察力，也需要时间。

如果成为领导者是一生的旅程，那么培养他人成为领导者同样是一个永无止境持续不断的过程。不仅对个人如此，对一个组织来说，同样没有终点。这些年来，我帮助过许多组织寻找和培养领导者，多得我都数不过来了，没有一家公司不需要优秀的领导者。事实上，领导者短缺的问题始终存在。

任何组织皆是如此。我的公司和非营利机构始终致力于领导力发展。几年来，外界一直称我为领导力专家。我的组织具有领导力文化、发展领导力的理想和专业的领导力指导。但是，我的组织仍然需要的是更多优秀的领导者，因为领导力决定一切兴衰成败，一旦一个组织停止培养领导者，那么这个组织也就停止发展了。

最近，我和朋友一起参观了纳帕谷（Napa Valley）葡萄园，该葡萄园的第三代园主指着一堵石墙讲解道，他的祖父，也就是葡萄园的开创者，最开始建造了这堵石墙。后来，开创者的儿子也接班修墙，而他的儿子，现任葡萄园园主，也加入其中，继续修墙。听着他讲述家族的历史，看着他展示石墙的不同部分修建于不同的年代，我深深地感觉到他发自内心的自豪，以及他对父亲和祖父的尊重。这是一种代代相传的传统意识和共同愿景。这种强烈的传承意识不可能一步到位。

想要有所作为，实现伟大理想，就必须摒弃微波炉式的领导力思想。这个过程无法一蹴而就，其相当漫长，就像煲汤一样。任何有价值的东西都需要付出时间。你必须放弃避开过程直达终点的想法，要从自己内部找到完成路线。一旦你接受培养领导者是个漫长的过程这个观点，你就能每天完成一个小目标。

> 想要有所作为，实现伟大理想，就必须摒弃微波炉式的领导力思想。

3. 培养领导者是组织发展的最佳途径

在领导层的会议上，经常有人问我如何改进管理，将组织发展壮大，答案很明了，就是培养更多优秀的领导者，因为对公司而言，只有其领导者成长起来，公司才能全面发展。

我经常感到惊讶，许多组织爱把大量的金钱和精力花在那些毫无用处的事上，比如把钱投入市场营销，却不培训员工如何维护客户关系。客户维护是头等大事，客户非常清楚优质服务与空洞承诺之间的差别。不管是精美的广告，还是响亮的口号，都无法弥补缺乏领导才能的漏洞。

此外，他们进行公司内部的重组，寄希望于通过改变人员配置和部门重组来推动组织发展。这些都不起作用。任何组织的实力都是其领导者实力的直接体现。领导者弱，组织就弱；领导者强，组织就强。因为，做决策的是领导者。

如果你想让自己的组织或部门得以进一步发展，请从与你最接近的人员开始培养吧，因为他们代表着你的团队水平，是团队能否取得成功的决定性因素。我在《领导力 21 法则》（*The 21 Irrefutable Laws of Leadership*）中写的第一条领导力法则被称为"盖子法则"。这条法则讲的是领导能力决定一个人的效能水平。换句话说，领导才能决定成功与否。对于个人如此，对于团体亦如此。组织能取得怎样的成绩取决于领导者的水平。普通的领导者不可能建设得出一家高于普通水平的公司。团队中潜在领导者要么是资产，要么是靠山。正如管理专家彼得·德鲁克（Peter Drucker）所说："高管不会因为他的下属能力太强、效率太高而苦恼。"

人们常常高估自己的梦想，而低估自己的团队。他们认为，

"精诚所至，金石为开"。但事实并非如此，仅凭信念不足以成就任何事情，你的梦想是否得以实现取决于你的团队。一个伟大的梦想与一个糟糕的团队是一场噩梦。

> 人们常常高估自己的梦想，而低估他们的团队……一个伟大的梦想与一个糟糕的团队是一场噩梦。

4. 培养领导者是打造领导力文化的唯一途径

过去十年，人们开始逐渐意识到组织文化的重要性。组织运作的各个方面都受到文化潜移默化的影响。组织文化若是消极，组织氛围就会很糟，就像大火蔓延，所到之处，一片狼藉。

曾经有一家早已止步不前的机构，机构内部没有形成领导力文化。后来，我成为这家机构的领导者，我给下级领导者上的第一堂课是关于两个桶。组织内部的问题，就像火星。领导者通常是最早到达现场的人，这个时候他们手中有两个桶，一个桶里装的是水，另一个桶里装的是汽油。如果他们往火星上倒汽油，火星就会变成熊熊大火；如果往火星上泼水，火就灭了。而我想训练他们的是选择用水而非汽油。

作为领导者，你得创造文化，也得懂文化，而文化本身又会反过来影响你，告诉你在这个组织中，哪些事可以做，哪些事不能做。培养领导者，需要有领导力文化的组织，而这种文化只能由组织内的领导者创造出来。

福乐鸡公司分管高级领导力的副总裁马克·米勒（Mark

Miller）多年来一直在福乐鸡公司培训领导者。还写了很多关于领导力方面的文章。他在 *Leaders Made Here* 一书中写道：

如何确保自己拥有适当的领导者来推动自己实现理想？

答案是：构建领导力文化。

从一开始我们就得明确这些术语。领导力文化是指系统地定期提拔领导者，并且拥有足够多的领导者，可以随时准备好迎接下一个机会或挑战。

米勒说，现在有些领导者通常对构建领导力文化持保留意见，他们认为自己已经做得很好了，或者觉得自己太忙，没时间培养领导者，但这种想法最终导致在平庸无奇的怪圈里无限循环。

如果你是某个组织的领导者，那么只有你有资格、有能力构建积极的领导力文化，而领导力文化只能通过培养领导者才能实现。米勒在书中谈到达到此目的的方法：

（1）定义——就我们组织对领导力的工作定义达成共识。

（2）教授——确保每个人都了解领导者的观点，且领导者拥有获得成功所具备的技能。

（3）实践——为现有领导者和新兴领导者创造领导机会，多安排工作任务，提高他们的才干。

（4）衡量——跟进领导力发展进度，相应地调整战略战术。

（5）建模——领导者要以身作则，人们总是看着领导者，效仿其做事。

如果一个组织没有构建领导力文化，那么培养领导者就是一个相当漫长的过程，但一切都是值得的。因为培养领导者是组织成长、进步、创造动力并取得更大成就的唯一途径。

我最喜欢 19 世纪的钢铁大亨、慈善家安德鲁·卡内基（Andrew Carnegie）说过的一句话："我认为最适合我的墓志铭是：'在这儿躺着的人，懂得如何让那些比自己聪明得多的人都围绕在他的周围。'"唯一可能实现类似目标的方法是培养更多的领导者，发挥他们的潜能。这可不是领导者能随意委托他人去做的事，而是需要一位领导者亲自来发掘、培养另一位领导者。

我写本书的初衷是希望逐步引导你走完整个过程，如果你希望提升团队能力，实现梦想，就需要学习如何做好以下每个步骤：

（1）识别领导者：找到潜在领导者并重点培养。

（2）吸引领导者：邀请他们加入领导桌。

（3）理解领导者：先建立关系再领导。

（4）激励领导者：最大限度激发他们的动机。

（5）装备领导者：训练他们出色地完成工作。

（6）赋权领导者：帮助他们发挥最大潜能。

（7）定位领导者：建立团队协作，使影响力倍增。

（8）培训领导者：指导他们更上一层楼。

（9）复制领导者：教会他们培养新的领导者。

（10）复合领导者：收获培养领导者的最高回报。

我的朋友金克拉（Zig Ziglar）曾经说过："成功就是最大限度发挥自己的才能。"我喜欢这个定义，我相信它同样适用于个人。但是对于领导者而言，想要达到成功还需要付出更多努力，领导者的成功可以定义为最大限度地发挥跟他们共事的人的能力，且只有一种方法可以最大限度地发挥他们的能力，那就是帮助他们成为领导者。希望本书可以帮助你做到。

第一章

识别领导者
找到潜在领导者并重点培养

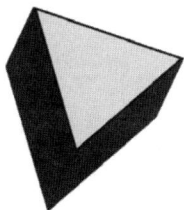

我非常喜欢在演讲时回答听众的问题，特别是领导者提出的问题。最近，在福乐鸡公司的会议上，有人问我如何培养优秀的领导者，我回答道："首先，你得知道优秀的领导者长什么样。"

我知道这听起来容易，做起来难。而且我发现，大多数人很难说清楚一个好的领导者或具有潜力的领导者应该是什么样子。领导力专家兼作家詹姆士·M. 库泽斯（James M. Kouzes）和巴里·Z. 波斯纳（Barry Z. Posner）这样说："我们对谁是领导者谁不是领导者的形象，与早已先入为主的关于什么是领导力，是不是混淆了。"人们怎么可能找出连自己都无法辨识的东西呢？

作为一个演讲者，我经常到处旅行。通常，主办方都会派司机去机场接我。这么多年来，我发现接机的人分为两种：第一种是站在行李领取处附近，举着写有我名字的标牌或 iPad，我得自己去找他，还得向他证明我的身份；第二种会在我刚下自动扶梯的时候就找到我，主动走过来，跟我打招呼："嗨，麦克斯韦尔先生，我来接您去酒店。"

我从未见过第二种人，但他们却能找到我。他们是如何做到的呢？他们从我的书或网站上找到我的照片，记下我的样子。他们积极主动，肯花时间，知道自己要接的人是谁。

如果你想培养领导者，你想先成为哪类人呢？你是想先了解潜在领导者的基本素质，主动找到他们，还是想举着牌子，寄希望于有人来找到你？由你选择。

我与泰勒吉他的联合创始人鲍勃·泰勒（Bob Taylor）是多年的好朋友。鲍勃制作的吉他世界一流，秘诀是什么？他会告诉你秘诀就是设计和制造工艺。他可以用任何原材料来制作吉他，为了证明这一点，他甚至曾经用橡木托盘上的废木料制作了一把吉他。但这不是常态。他常用自己能找到的最好的木材来制作吉他，但想要买到好木材已越来越困难了，许多最好的珍稀木材都被列上了濒危物种名单或已完全灭绝了。鲍勃说："我生活在这样一个时代，从'世界上什么木材都有'跨越到'什么都没有了'。"

十多年前，鲍勃接受《纽约时报》采访时说："1970 年，我曾经在木材场以每平方英尺 2 美元[1]的价格买到了巴西花梨木。现在，我们不可能再用它来制作吉他，也不可能运送到美国之外。想要得到一点巴西花梨木，需要支付非常昂贵的费用，砍伐巴西花梨木几乎完全被禁止了。红果云杉也是可遇不可求的了。以前，桃花心木就是一种普通商品，供应非常充足。现在，只有特定的伐木企业才能开采，而且价格高得离谱。我这有限的生涯就经历了这些巨大的变化。"

这是他如此关心的问题，因此他将在未来的二十年投入到确保木材有节制地采购，并为未来种树造林，这不是他的未来，而是其他人的未来——六十年以后、八十年以后，甚至一百年以后

1　1 平方英尺约等于 0.093 平方米。1970 年，1 美元可兑换 2.4618 元人民币。

的未来。鲍勃说："我们不再生活在一个充满新领域和可以浪费自然资源的世界里。"

要制作吉他，鲍勃知道他需要什么木材。如果你想卓有成效地培养领导者，就需要知道潜在领导者应该是什么样子，要像鲍勃·泰勒采购吉他木材一样坚韧不屈。你带入团队的每个人都会改变你，不是变得更好，就是变得更糟。同样，你培养的每位领导者也会如此。也许这就是为什么亚马逊创始人杰夫·贝佐斯（Jeff Bezos）说："我宁愿面试50个人，却一个都不录取，也不愿聘用错误的人。"

识别领导者的六个方法

对于领导者来说，培养领导者最重要、最稀缺的能力就是识别能力，成功领导者的主要职责之一就是识别出潜在领导者。彼得·德鲁克强调：

做出正确的用人决策是有效管理一个组织的终极手段，用人决策决定了组织的管理水平、价值观以及对待工作的态度。无论经理们多么努力试图保守自己的决策秘密，用人决策也是藏不住的。

领导者没有正确的用人决策，就是在冒险，也会影响整个组织的表现，甚至会失去员工的信任。

那么，到底要怎么做呢？如何识别优秀的潜在领导者，找出那些你想要培养的人呢？正如我前面说过的，你得有一张他们的照片，而我要做的就是为你绘制这张照片。以下六个识别方法，回答相关问题，你就知道你需要怎么做了。

> 对于领导者来说，培养领导者最重要、最稀缺的能力就是识别能力。

1. 评估需求："你的需求是什么？"

你要找到谁？如果你的组织任务是爬树，那么你该怎么做，是雇一只松鼠，还是训练一匹马？答案一目了然。你的组织当前要做什么，是否有明确的目标，你想要达到什么目的？回答这些问题，你就会明白自己需要什么样的领导者来助推组织发展。没有明确的目标，就谈不上实现目标。

我在引言中提到过福乐鸡公司的马克·米勒，他在培训领导者方面有很丰富的经验，他说过：

"我想知道，作为领导者，有多少次是因为没有明确的目标而失败的。我一直在反思的失败，有多少次是直接或间接由于目标不明确而导致的。"

领导者不能做好所有事，但是目标明确是必须做到的，我们必须自始至终都明白自己要努力实现的目标是什么。如果你从未明确目标，或者你近期没有审视自己的目标，我建议你现在就开始制定目标，以此确定潜在领导者，并回答以下问题：

· 你的理想是什么?

· 你的使命是什么?

· 你需要团队中的谁来实现你的理想和使命?

· 你需要哪些资源来实现你的理想和使命?

知道自己需要的是什么,要找什么样的人,是至关重要的。用人不可以草率,也不能期待他们自己成功。

2. 现有资源:"组织内有领导潜力的人是谁?"

该从哪里入手寻找潜在领导者呢?就在你自己的组织和团队之中。原因如下:

他们是一个已知数

在组织内部选人不同于面试外面的人才,你不必去猜测他们以后的表现如何,也不用听他们的一面之词,吹嘘自己有多能干,不需要从那些精心准备的话语里来了解他们是什么样子,而是从他们的实际工作表现中考察他们的能力,观察他们的长处。你还可以从他们的同事那里侧面了解他们。

他们已经适应了组织文化

从外面引进人才,你会有所顾虑——这个人能否适应组织文化,能否很好地与组织中的其他人合作。而一个人如果已经在组织中工作了一段时间，你就会知道他或她是否适合这里的组织文化，而这个人早已是团队的一分子了。

已树立影响力

优秀的领导者，即使没有受过培训，他们经验尚且不足，也会对其他人产生影响力。想要识别出潜在领导者，就得顺着影响力去寻找。你想培养的领导者必须具备这个能力，因为领导力就是影响力。如果他们无法对他人产生影响，就无法领导他人，如果他们在组织中已经有了一定的影响力，那么就已拥有了这种特别的资本，可以为将来所用。这就像在比赛中取得领先优势似的。一旦你把任务交给他们，他们将能够更快地调动那些被他们影响过的人。

如何衡量他们的影响力呢？我建议使用领导力的五个层次来衡量，按影响力从低到高的顺序排列如下：

（1）职位：人们跟随你是因为你的头衔。

（2）认同：人们跟随你是因为愿意听你的。

（3）绩效：人们跟随你是因为你对组织做出的贡献。

（4）培育：人们跟随你是因为你对他们的付出。

（5）巅峰：人们跟随你是因为你是谁和你代表的东西。

安德鲁·卡内基慧眼识珠，总能准确识别出潜在领导者。有一次，一位记者问他："你是怎样雇用到43名百万富翁的？"卡内基回答："这些人刚开始工作时并不是百万富翁，而是后来变成了百万富翁。"接着记者又问："怎样把这些人培养成身价如此高的领导者呢？"卡内基答道："培养人才与开采黄金的方式相同……必须要清除掉几吨重的泥沙，才能获得一盎司的黄金。但是，不是从矿里寻找污泥，"他又说，"而是从泥沙里淘金子。"

我不会呼吁那些不会领导的人，但绝对会呼吁那些能淘金的人。那么，你的重心应该放在哪里呢？是那些没有领导能力的人，还是那些有领导潜力的——组织里的金子？

我认识的最好的领导者之一是我的朋友克里斯·霍奇斯（Chris Hodges），他是阿拉巴马州伯明翰高地教堂的创始人，他于2001 年创立了这所教堂。每周在该教堂的 22 个园区参加活动的人多达 5.5 万，其总资产超过 2.6 亿美元，他没有任何债务，还有一支被他称为梦之队的志愿者团队，有 2.2 万余人。如果你对教会不甚了解，那么我来解释给你听，这简直太棒了！

我很喜欢与克里斯的定期会面，一起谈论领导力。最近的一次讨论我问克里斯，如何辨识并培养了成千上万的领导者，他分享了两个原则，我在这里也分享给你。

第一步，广撒网。

克里斯第一步采取了广撒网的方法。他告诉我："我也不知道下一任领导者是谁，更不知道他们来自组织中的哪个部门。"为此，他建立了青年领导后备队，类似于美国职业棒球大联盟的做法。职业棒球队有不同级别的青年队。球队签下球员后，根据球员当前的表现，把他们分配到不同的球队，并给他们未来提升的机会，他们的最大梦想就是从青年队升入大联盟球队。

克里斯的模式与之类似，不过他没有 A、2A 或 3A 青年队，而是拥有 22 个园区，每个园区都是一个青年队，这些志愿者都会接受培养，在这个过程中，潜在的领导者就会自然上升到高层，这时就有机会来实践和磨炼他们的领导技能。

第二步，看见并指出他人的领导潜能。

克里斯的 22 个园区全都是领导者青年队，但每个园区培养领导者的方法却不尽相同。某些园区就是比其他园区更能高效地甄选、培养出领导者。我问过克里斯这到底是什么原因，他说当他发现这一点时，也问过自己为什么。为了弄明白这一点，他做了一些研究，发现高效的园区领导者不仅能看到潜在领导者，而且正如克里斯所说，"还会指出他们的领导潜力"。

我的朋友，演讲者兼作家马克·桑伯恩（Mark Sanborn）曾说："伟大的领导者可以为他人打开视野。"这正是克里斯顶尖的园区领导者所做的，也是所有优秀领导者培养其他领导者的方式，因为人们总是希望成为他们生命中最重要的、对他们影响最大的人所期待的样子。如果你在意的人对你说你糟透了，那么你可能很难过上舒坦的日子。如果每天都有人说你不是当领导的料，你很可能连试都不会去试。但是，如果有人愿意相信你，不断地肯定你，你就会很有自信，也会加倍努力。如果一位很有影响力的人很信任你，你的自我怀疑绝对会一扫而空。难怪亚伯拉罕·林肯（Abraham Lincoln）会说："今天我之所以成功，是因为我的一个朋友，他相信我，而且我不想让他失望。"

> **伟大的领导者可以为他人打开视野。**
>
> ——马克·桑伯恩

放下书想一想，你身边有没有让你敬仰的人，他信任你，相信你。你的人生中出现过这样的人吗？想想他在你身边的时候，你的表现如何。他的信任有没有让你表现出自己最好的一面？

我是这样想的：我们都会竭尽所能，以期达到他人对我们的信任和期待。这就是为什么作为一个培养人才的领导者，我知道自己说的话分量很重。我也在寻找机会，对他人尤其是潜在领导者，说一些可以激发他们潜能的话。为什么这样做呢？因为每每回首自己人生的高光时刻，我意识到其中大多数是对我很重要的人说了鼓励我的话。鼓励对领导者来说就像氧气，可以帮助他们畅快地呼吸，如果你想培养领导者，一定要多给予其鼓励。

你有机会在自己的组织、部门或团队中选拔人才吗？如果没有，现在就开始吧。人们需要一个可以提升和实践领导力的场所。你是否常常鼓励他人，尤其是潜在领导者？如果没有，那就从今天开始吧。

3. 潜在资源："组织外谁有领导潜力？"

尽管我很提倡从组织内部提拔领导者，但有时候确实找不到合适的人选。从组织外选人有一定的风险和挑战，在我看来，最大的挑战在于文化的适应性。

我读过戴维·沃克（David Walker）在《公司》杂志上发表的一篇文章，他是纽约市特利浦敏房地产经纪公司的首席执行官兼联合创始人。沃克写道："能让每一个创业者都寝食难安的只有一件事，那就是招募人才。聘请优秀的人才是一项耗时耗力的大工程，困难永无止境……尽管每家公司的文化不尽相同，但无论你的公司文化处于哪个阶段，都可以用四个问题来帮助你确定应聘者是否与本公司文化相匹配。"他所说的四个问题是这样的：

（1）上家公司的文化是如何授权或剥夺你的权利的？

（2）你遇到过的最好的上司有哪些特点？

（3）请描述你是如何处理与同事间的冲突的。

（4）如果你获得这个岗位，你希望得到什么反馈？反馈的频率如何？

我很欣赏沃克的方法，他的第一个问题可以帮你了解应聘者的文化背景，第二个问题可以了解他们对领导者的看法，第三个问题可以了解他们处理人际关系的能力，第四个问题可以了解他们对反馈的期望。

沃克说："我聘请过几乎能完美融入企业文化的优秀员工，也录用过不尽如人意的与企业文化格格不入的员工。在招聘方面，没有所谓的一击即中的事情，无论你多么擅长招聘，都有可能犯错。"

如果你要从外面招人进来，很重要的一点是你得对新员工预先设定期望。我在 *Leadershift* 一书中曾写过，应该对新加入团队的员工设定期望。我们需要告诉他们：

·"这不是我个人的事，也不是你个人的事，而是关乎大局。"

·"应该不断成长。"

·"必须重视他人。"

·"始终勇于承担责任。"

·"不能避重就轻。"

大家越在同一频道上，就越容易取得共同的成功。

4. 潜在领导者的态度："他们是自愿的吗？"

最近，我在与我的朋友达美航空首席执行官埃德·巴斯蒂安（Ed Bastian）讨论招募人才的事。他告诉我："在达美航空，我们聘请的是态度，训练的是才能，态度始终是第一位的。"他继续说道，"新员工要能让其他团队成员愿意与其一起工作。"

态度是一种选择，良好态度的核心是自愿——自愿学习，自愿改进，自愿服务，自愿为别人考虑，自愿提升自我价值，自愿做正确的事，自愿为团队做出牺牲。领导技巧也许来自头脑，但领导态度源于内心。

> **在达美航空，我们聘请的是态度，训练的是才能，态度始终是第一位的。新员工要能让其他团队成员愿意与其一起工作。**
>
> ——埃德·巴斯蒂安

相比于员工需要领导者，优秀的领导者更需要员工。多年来，我一直在教导潜在领导者，员工并不会关心你知道什么，他们更关心你在意什么。这就要求领导者必须了解自己的员工，与他们将心比心。正如杰弗里·科恩（Jeffrey Cohn）和杰伊·摩根（Jay Morgan）所说："同理心对于领导力来说至关重要，原因不胜枚举。同理心会促进相互信任，能让员工感觉到上司重视他们的利益，这会产生积极向上的活力。能感受到上司赞赏的员工，自驱力更强，更能够坚定地履行职责。"

你会感觉到，潜在领导者的态度非常端正，只要态度端正，他们就会精力充沛，能量满满，积极向上。就像伯克希尔·哈撒韦公司的董事长兼首席执行官沃伦·巴菲特（Warren Buffett）一样，非常喜欢自己的工作，巴菲特曾说："我每天都跳着踢踏舞去上班。"或者像曾获得两次世界大赛冠军的洛杉矶道奇队总教练汤米·拉索达（Tommy Lasorda）那样，在1981年季后赛惨败给休斯敦的当天晚上，拉索达依然无所畏惧，满腔热情。当被问及他为什么如此乐观时，他回答道："我这辈子遇到的最美好的事，是球员在我的指导下赢了比赛，而第二美好的事，就是在我的指导下输了比赛。"这就是潜在领导者身上应该有的态度，他们相信自己会成功，他们愿意投入时间和精力，即使面对失败，他们也乐此不疲，继续努力，不断前进。

我很欣赏这种积极的态度，也教别人保持积极的态度。但有时候，即使是专家也需要一点帮助。2018年11月，我与我公司的首席执行官马克·科尔（Mark Cole）一起参加了拉斯维加斯摇滚马拉松和半程马拉松。马克常常跑步，参加过好几次马拉松比赛，我却不爱跑步。三十几岁之后，我就没再打过篮球，也没怎么跑步，而且我还做了双膝置换手术。不过，那次我决定与马克一起参加马拉松，走着去比赛。

这是我第一次参加马拉松比赛。刚出发的时候我特别兴奋。如果你曾经参加过这样的大型比赛，你就会知道有多么激动人心。成千上万的人一同站在起跑线上，准备着起跑，音乐震耳欲聋。还有的人穿着奇装异服，而且还是夜跑！

我当时的确十分兴奋。不过不瞒你说，大约跑了十英里[1]，我有点消极了，身体开始吃不消了，很想停下来，但是我没有停，在我疲惫不堪、意志消散的时候，马克一直陪着我，鼓励着我，帮我保持积极的态度。所有的努力都是值得的，当我们越过终点线时，我为自己的成就感到无比自豪。我想没有几个71岁老人会来参加这个比赛吧。如果没有马克的帮助，我肯定做不到。

1　1英里等于1609.344米。

让我们再来说一下态度吧，好的品格汇集了我之前提到的所有的积极态度——乐于奉献、无私、同理心、不断进步、自我牺牲。好的品格可以确保一切顺遂。没有良好的品格，一切都会分崩离析。品格优秀的人不仅可以管理好自己的生活，还能很好地领导他人。盖尔·毕比这样说过："我们性格的形成给我们的领导力创造了可预测性。可预测性、可依赖性和一致性，这三种品质确保我们的领导力是可靠的，并促使人们对领导者产生信任，领导者的有效性是建立在信任之上的。"

如果潜在领导者待人真诚，积极向上，品格优良，能做出正确的选择，他们就拥有成为更好的领导者的意愿，也值得被着重培养。

> 品格优秀的人不仅可以管理好自己的生活，还能很好地领导他人。

5. 潜在领导者的能力："他们有能力胜任吗？"

埃德·巴斯蒂安看重的是态度，这并不意味着他会忽略才华。他还对我说过："我们寻找人才是因为人才可以帮助我们。"我想说，领导才能对组织的提升是最大的。

没有才能，无谓卓越。没有人才，就没有成功的组织。寻找优秀的领导者就像寻找优秀的跳高运动员一样，对你来说，找七

个只能跳一英尺 [1] 高的人一点用也没有，你需要的是一个能跳七英尺高的人。领导者的工作很难也很复杂，资质平庸之人成不了优秀的领导者。形势越艰难，就越需要能"跳高"的领导者。

俗话说，一个人的天赋决定了他可以发展的上限。诗人拉尔夫·瓦尔多·爱默生（Ralph Waldo Emerson）表达过相同的观点，他写道："每个人都有自己的天职，能力即使命。总有一个方向，那里的所有空间都为他开放。"对我们每个人都开放的就是我们的才干和天赋所在的领域，在这个领域，我们不仅足够能干，还有无限可能。

你怎么知道潜在领导者在哪个领域有天赋？

· 他们擅长于此——表现出色。
· 他们有机会运用天赋——创新拓展。
· 他们会吸引他人——展示魅力。
· 他们享受工作——带来成就感。

能干的潜在领导者，可以通过自己的卓越才能来提升整个组织，抓住机会帮助组织发展壮大，那是一个强大的组合，正如诺贝尔奖获得者亚历山大·索尔仁尼琴（Aleksandr Solzhenitsyn）所说："真正的人才完全知道自己才华横溢，但他们从不吝啬与人分享。"

1　1英尺等于 0.3048 米。

> 真正的人才完全知道自己才华横溢，但他们从不吝啬与人分享。
>
> ——亚历山大·索尔仁尼琴

6. 潜在领导者的成就："他们做过哪些成绩？"

识别潜在领导者的最后一项与成果有关。你需要看看他们过去取得了哪些成绩，是否出色地完成了工作任务，是否达到甚至超过目标，能否适时展现成果，如果他们有能力完成任务，就有潜力帮助其他人。反之，就不可能带领他人获得成功。

优秀的领导者各种各样，高矮胖瘦、经历背景各不相同，性格、领导方式也不尽相同。不过，拥有领导潜力的人可以从普通人中脱颖而出，因为他们知道如何赢得成功，能够在他人的帮助下创造价值，他们就是建设者。

建设者具有以下五个特征：

建设者关注结果

众所周知，托马斯·爱迪生（Thomas Edison）说："我们努力实现目标，没有什么规律可循。"这就是建设者的心态！

约翰·麦克斯韦尔团队的总裁保罗·马丁内利（Paul Martinelli）就是一名建设者。他总是希望把他人培训成为教练和演讲者，他把这种希望具化为一个组织，为140多个国家培训了2万多人，而且在不停地发展壮大。他最喜欢的时间是年终总结会，在会上，他与员工共同总结过去一年的工作，制订下一年的计划，不断改进工作方式，可以说，建设者就是生产者。

建设者不满足于现状

真正干事的人一般不会满足于现状。他们遵守"橡皮筋定律"，这是我在《个人成长力 15 法则》（*The 15 Invaluable Laws of Growth*）中讲授的。这条定律讲的是，一旦你失去了能到达能力极限的张力，你就停止成长了。建设者喜欢被拉伸到极限，就像赛车手马里奥·安德雷蒂（Mario Andretti）所说的那样："如果你觉得一切尽在掌控之中，你肯定跑不快。"

建设者喜欢不确定性

进步就是不断改变，改变带来不确定性。建设者能很好地适应不确定性。他们知道，有时必须在不知道所有答案或信息有限的情况下采取措施，不断前进，并相信最终会有解决办法。毕竟，不确定性就是领导的机会，不确定性越多，越需要优秀的领导者找到出路，带领大家向前进。建设者就是不断想方设法，开放创新，持续成长。因为他们知道凡事没有百分之百的确定，一切皆有可能。

建设者总是缺乏耐心

世界上的进步分两种。一种是努力工作主动取得进步，另一种是被动等待机会降临。建设者擅长从工作中获取进步，就像我一样缺乏耐心，他们认为耐心是绝望的代名词，是一种伪装的美德。我知道我也需要更多耐心。

也许我天生缺乏耐心，我的父亲梅尔文·麦克斯韦尔（Melvin Maxwell），90多岁了，一直都是建设者心态，他几乎一丁点耐心都没有。不久前，我的姐姐翠西（Trish）带着父亲去给他的汽车换油，那个地方人很多，等待的时间较长。翠西告诉我，等待的前三十分钟爸爸还好，没过多久，他就开始不停地踱来踱去。又过了一会儿，他一遍接一遍地问："还要等多久？"最后，他再也无法忍受，拉住翠西的胳膊，说："走，我们买辆车，那还要快点！"

我的朋友克里斯·霍奇斯说，视野的差距导致我们正在做的事情与我们能够做到的事情的差距，建设者总是迫不及待地想要缩小这个差距。

> 视野的差距导致我们正在做的事情和我们能够做到的事情的差距，建设者总是迫不及待地想要缩小这个差距。

建设者具有感染力

最近，约翰·麦克斯韦尔团队在波兰开展人员培训。一位来自波兰的培训师艾沃娜·波克斯卡（Iwona Polkowska）举办了一次电话会议启动仪式。会议前我和她聊了一会儿，她告诉我，参加启动仪式的将有一千多人。我感到很惊讶，并向她表示了祝贺，但艾沃娜并不十分在意。她说:"这只是开始,要知道波兰的人口有 3800 万呢。"这让我感到非常惊喜,看得出艾沃娜很快就会在她的国家全面开展培训,培养更多的领导者。

建设者们对自己现在手里的工作和未来努力的方向充满热情,他们的热情也激发着其他人,吸引其他人跟着自己干。他们劲头十足,时间不够就挤时间,钱不够就找钱,人手不够就找人。他们通过激励他人,招入麾下,无私帮助。

建设者的底线是他们总是在建设,而不是纸上谈兵。他们通过卓越的成绩来说明他们有资格去领导他人,相信未来一定大有可为。

没有优秀的球员,就没有优秀的团队

长期担任 NBA 波士顿凯尔特人队主席的赖德·奥尔巴赫(Red Auerbach)表示:"工作之前选择人比工作期间管理人更重要。选对了人,以后就不会出现太大的问题。不管什么原因,雇用了错的人,那么你将麻烦不断,就算用尽所有创新管理技巧都无法帮你摆脱困境。"拥有一支优秀团队的唯一方法是识别并找到合适的队员。

在本章前面部分,我提到我的朋友鲍勃·泰勒的特殊技能,即识别最适合制造吉他的木材,他高中时期只是一名业余的吉他制琴师,20 多岁就成了专职的吉他制造商,如今他是泰勒吉他制造公司联合创始人,在美国生产的原声吉他中,40% 都出自他的公司。除此之外,鲍勃还是一位出色的领导者,正是由于出色的领导能力，他创立了自己的公司。几年前，鲍勃刚满50岁，他就意识到自己需要寻找接班人了，与他长期合作的吉他联合设计者拉里·布雷德洛夫（Larry Breedlove）退休了。鲍勃意识到，如果后继无人，泰勒吉他公司就无法继续发展壮大，为后人制造吉他。

鲍勃希望找到一个比他更会制造吉他的人——一个可以彻底改变原声吉他的制作方式，并使其发扬光大的人。这就意味着他无法提拔泰勒工厂内部的人，他需要一位创新型人才，这个人必须拥有优于自己的创意。鲍勃相信，一个可以独立完成工作的人比一个被教导着做工作的人领悟能力更强。

一天，鲍勃坐下来，把他要寻找的人写了下来。在接受托尼·波雷卡斯特罗（Tony Polecastro）的采访时，鲍勃这样写道：

亲爱的上帝，我急需一位比我更优秀的吉他制造者，他可以自学成才，没有在别的工厂学习过如何制作吉他，他是专业吉他手，可以与任何人一起玩吉他。就是说，他能够和最好的吉他手同台演出，得是个非常优秀的人，他不能一朝入错行，白白浪费十五年的时间，这不仅毁了自己的一生，还得从头再来。你懂的，他得熟知吉他的历史，知道如何制作吉他。——我的意思是，我把所有这些都写下来了……他应该有二十年的经验，年龄不能超过30岁……哦，对了，他还得是圣地亚哥人。

鲍勃自己都承认他列出来的条件清单不可能有人完全满足。世界上根本就没有这样的人。但是鲍勃却真的找到了，他的名字

叫安迪·鲍尔斯（Andy Powers）。鲍勃与他是在国家乐器展销会
的泰勒吉他展位上认识的，那是全球音乐界最大的贸易展览。那
时，安迪正在为专业唱片艺术家杰森·玛耶兹（Jason Mraz）伴
奏。鲍勃很快就结识了安迪。一天，他俩在一块儿待了一个下午。
在开车回家的路上，鲍勃忽然想起了那份已经被自己闲置在抽屉
里一年多的条件清单。鲍勃突然意识到，安迪符合清单上的所有
条件，他就居住在圣地亚哥县北部，更有意思的是，安迪年仅 28
岁，从 8 岁起就开始制作吉他。鲍勃称这是当代奇迹，他为泰勒
吉他公司找到了未来的领导者。

鲍勃对安迪说：

"是这样，"他说，"我不可能永远干下去，我希望泰勒永远
是由吉他制琴师带领的公司，而我希望它永远都是第一代创业公
司……我走后，谁来做这个吉他制琴师？"他说，"听着，我已
经找遍了整个世界，这么跟你说吧，你就是我要找的吉他制琴师。
我可以给你时间考虑，两个星期，或是两年，我不在乎。因为除
了你，没有人可以胜任。"

安迪接受了鲍勃的提议，关闭了他的高档吉他定制店，于
2011 年成为泰勒吉他公司的一员。他显然就是鲍勃的接班人。
"我把一切都交给他，完全放心。"鲍勃说，"安迪·鲍尔斯是我一
生中遇到的最棒的吉他制琴师。"

安迪加入后不仅让公司看到了未来，还极大地改良了泰勒生
产的吉他。"对我来说，我能为我们的新老客户提供的是一个像他
们一样热爱吉他的人，而安迪比他们更爱吉他。我觉得后代将有

幸见证吉他业有史以来最好的吉他，而安迪将成为吉他史上最重要的制琴大师。"更重要的是，让安迪担任泰勒的领导者后，鲍勃得以有空周游世界，投身于保护原始森林和植树造林的事业中。

"我不太相信'有求必应'这种东西，"鲍勃说，"不过我很相信'自己写下的想要的东西，当它站在你面前时，你会很容易看到它'。否则，你甚至可能根本不会注意到它。"

鲍勃是怎么做到的？首先，他很确定自己要找的是什么样的人，他遵循的模式正是我在本章中所概述的：

（1）评估需求："你的需求是什么？"

（2）现有资源："组织内有领导潜力的人是谁？"

（3）潜在资源："组织外谁有领导潜力？"

（4）潜在领导者的态度："他们是自愿的吗？"

（5）潜在领导者的能力："他们有能力胜任吗？"

（6）潜在领导者的成就："他们出过哪些成绩？"

如果不知道自己需要什么，就肯定找不到。人们常说："当我一看到它便知道就是它。"其实，这个策略不太好，应该是，我知道它，才能看到它！鲍勃完全知道自己需要什么样的人，甚至详细地记录了下来。一旦找到这个人，他就能让他成为泰勒吉他的一分子。

无论你在领导什么样的团队、部门或组织，你都可以遵循这样的程序，也的确需要遵循这个程序，因为领导层决定一切。如果你还没有识别出未来的领导者，没有用心培养他，那么你的潜力、你的未来都将受到限制。

> 人们常说："当我一看到它便知道就是它。"其实，这个策略不太好，应该是，我知道它，才能看到它！

Chapter 2

第二章

吸引领导者
邀请他们加入领导桌

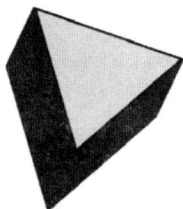

我一直喜欢文字，且爱玩文字游戏，也许这是因为我已经做了四十多年的传播和写作工作。我最喜欢的词语之一是"桌子"，这个词很简单，但对我来说，它包含很多的积极意义，因为我一生中的许多幸福时光都在桌子旁。从小时候开始，我就和父母、兄弟姐妹在家里围着餐桌吃晚餐，那是属于我的欢乐，随着年龄的增长，桌子变成了我经常和他人交流的地方。

以饭桌为例，那可谓非常好的学习区。没有什么比可口的食物和愉快的交谈更让我欢喜的了，我喜欢挑选一家好的餐厅，邀请大家一起围坐在餐桌旁交流问题，餐桌上总有奇迹发生，我会从他们身上获得许多惊奇的发现，会学到许多新知识，以改进自己的人生。

另一个例子是圆桌，圆桌会议有助于创建互助社区。我创立的两个非营利机构 EQUIP 和约翰·麦克斯韦尔基金会都致力于促进社区和国家转型。我们通过圆桌会议向人们传授价值观和领导力。在圆桌会议上，一群男男女女聚在一起探讨各自的经历，将基于价值观的经验教训应用于实际生活中，彼此讨论，相互支持，从而产生积极改变。随着圆桌会议成员间彼此深入的了解，他们建立起信任，对彼此敞开心扉，相互关心，一起拥抱改变。

我最喜欢的是领导桌，因为它就是未来领导者成长的地方。显然，我在这里讲的领导桌不是一张实实在在的桌子。布置领导桌意味着在你的组织或团队中创建一个可供员工学习的地方。在这里，人们可以实践领导力，总结成功经验，吸取失败教训，给自己大放异彩的机会。

开放领导桌席位也许是吸引领导者的最好方法，不仅从组织内部吸引潜在领导者，也可以从外部吸引人才。因为对于潜在领导者而言，没有什么比被邀请坐上领导桌更具吸引力了。我在《领导力21法则》中提出的"磁石法则"就指出，你所吸引的人成就了你是谁。具有领导潜力的人总是希望与真正的领导者在一起。他们想近距离观察优秀的领导者是什么样子，想跟他们探讨交流，好的领导者会让他们活力四射，而开放的领导桌会给那些渴望领导、愿意学习的人提供一席之地，让他们成为领导者团队的一部分。

邀请上桌

还记得，早年间我被邀请加入领导桌。那是1981年我刚搬到圣地亚哥不久。那时我才三十几岁，却担任领导职务已有十年之久，不过我的经验十分有限。一次，我受邀去洛杉矶参加领导人大会，有许多我非常尊敬的领导者都参加了这次会议，我感觉自己好像被召集进了高层领导圈。

我仍然记得当时的感受，我感觉自己会退出领导圈，因为其他受邀参会的领导者都比我更有经验，比我更成功。我的不自信与日俱增，我怕自己不能适应，怕自己不被接纳，我不知道自己能做出多少贡献。会议当天，我一走进房间，恐惧感就烟消云散

了。那是因为查克·斯温多尔（Chuck Swindoll），他是领导班子里最有影响力的一位，也是我敬佩多年的人物。他看到我后，快步向我走过来。

"约翰，我们很高兴您来了。快过来，坐在我旁边，"说着，他将我带到他的桌子旁，"就这儿，挨着我坐，我要把你介绍给其他领导。"

对我来说，被邀请坐上那张领导桌意义非凡，那是我第一次被邀请加入领导者培训小组，那次也确确实实使我大开眼界，我看到了领导者更多的可能性。

无论处于领导层的哪个级别，你都可以创建一张领导桌，所有尚未达到你的领导级别的人都可以加入。在这里，他们会受到热情的欢迎，也会尝试领导管理。领导桌不该有排他性，也不该仅限于精英人士，而应该是开放的，为所有有潜力的人提供机会。我们经常有这样的经历，出乎所有人的意料，一些人崭露头角，成长为出类拔萃的领导者。

金融领导力国际中心首席执行官、企业领导力与战略顾问拉杰夫·白沙瓦（Rajeev Peshawaria）在他的书 *Too Many Bosses, Too Few Leaders* 中说道：

问题是，当今世界瞬息万变，仅将少数几个人确定为潜在领导者的培养对象，只在他们身上投资，这种不成比例的做法有积极意义吗？

如果随着世界的变化，今天用于鉴定能力的标准在五年后发生改变，该怎么办？那些大器晚成的人该怎么办？那些可能早期默默无闻，后来向上而生成就不凡的人又该怎么办？

对于那些没有被选为潜在领导者培养对象的人，他们肯定会受到一定程度的打击，要如何化解呢？

综上所述，我们要重新考虑识别潜在领导者的"最佳方法"。当今商界充满不确定性，也在重塑着我们的生活，所以从这点来考虑，很难确定谁会是明天的思想领袖。公司不应把所有的鸡蛋都放在同一个篮子里，所以被培养的对象不应该只是被指定的潜在领导者，而应增加机会，扩大培养未来领导者的范围，给每个人都提供相似的养料供其发展，那些有能力的人会像奶油一样，自己慢慢浮出水面，出人头地，成为栋梁之材。

> **领导桌旨在吸引潜在领导者，培养他们成为真正的领导者。**

并非每个被邀请加入领导桌的人都会成为出色的领导者，也不意味着他们会永远留下来。这张桌子意在吸引潜在领导者，培养真正的领导者，所以应该把桌子尽可能设置得大点儿，以便容纳更多潜在的领导者。不用担心：最好的领导者一定会崭露头角。

领导桌上会发生什么

为了吸引潜在领导者，以下是你需要确保在你的领导桌上做到的：

1. 桌上的人可以体验到一种领导力文化

在《哈佛商业评论》的一篇文章中，布莱恩·沃克（Bryan Walker）和莎拉·苏尔（Sarah Soule）说："文化像风，虽无形无色，却看得到，感受得到。顺风行舟，轻松愉快；逆风行舟，举步维艰。"如果想吸引领导者，培养领导者，你需要随风而行，这意味着你必须建立起领导力文化，并维持下去。

我的朋友——"成长型领导"的创始人兼总裁蒂姆·埃尔莫尔（Tim Elmore）写过有关工作场所文化的文章。他说道：

你会意识到，企业文化越优越就越浓厚，规范工作行为所需要的行政政策和内部流程就越精简，这就如同水涨船高。以下企业就做到了这一点：美捷步、星巴克、福乐鸡、奈飞。

反之，企业文化越弱，领导者就越需要依赖政策和流程来规范员工的行事方式。欠缺的文化必须在制度规则中予以弥补。iRobot 联合创始人科林·安格尔（Colin Angle）这样说："文化是新兴创业公司的神奇配方。"

蒂姆讲的就是领导力文化。领导力文化强大的组织是靠员工而不是靠政策规则来引领前行的。

在组织领导桌上，首要的任务就是匹配价值观，我们希望培养出跟我们价值观一致的领导者。世界上最大的领导桌就是约翰·麦克斯韦尔团队，它的目的是培训导师、领导者和演讲者。整个组织就像一张巨大的桌子，面向最广泛的人群开放。我们每年为新老会员举办两次培训会议，让他们有机会聚在一起，提升、成长，学会领导。每次会议，我都要给他们传递对我来说很重要的价值观，这是成功培养领导者的关键，他们想成为领导者，必须拥有跟我们一样的价值观，我希望他们成为重视他人价值的人。我会对他们说：

"我重视你，你重视自己吗？"

"我重视他人，你重视他人吗？"

"我为他人增值，你愿意为他人增值吗？"

"我会让自己变得更有价值，你想变得更有价值吗？"

对这些问题，如果他们回答不出或不能回答"是"，那么我们就不匹配。不过没关系，这只能说明我们不适合一起共事。我会在我们的会议桌上告诉他们，如果不能接受我们的价值观，我们将很乐意退还注册费，即使他们走自己的路，我们同样表示祝福。大多数被我们吸引的人都与我们在同一频道上，他们会选择留下来。截至目前，约翰·麦克斯韦尔团队的注册会员已超过28,000名。每个人都接受了相同的培训，都有机会闪耀光芒。如你所料，最优秀的人一定会出人头地，提升到最高层。这真的是发现领导者的绝佳场所。

我非常敬佩的组织之一是福乐鸡公司。它的企业文化卓越非凡，在福乐鸡公司排队的人要的不仅是食物，还希望成为它的员工。约翰·麦克斯韦尔团队的优秀会员马克·斯托里（Mack Story）笔下的福乐鸡公司是这样的：

同一个岗位有250个人来应聘，要怎么选出那个"最合适的"人呢？从少数几个应聘者中选，还是从250名应聘者中选，更有可能选出人才、组建更优秀更强大的团队呢？这么多人应聘福乐鸡公司是有原因的。

他们的做法很有特色：福乐鸡公司培养的是服务型人才，他们吸引的是重视培养他人和服务他人的人。当然，他们的确抢占先机，拒绝了很多资质平庸的应聘者，留下了与他们价值观相同的人。而大多数公司从事的不是人才培养的业务，是快餐业，而且很多公司都是如此。

据我观察，许多公司从事的是"盈利"业务，其运作方式与从事人才培养业务的公司截然不同。具有讽刺意味的是，重视人才培养业务的公司获得的利润往往更多，这是因为最终创造利润的是人才。通常，那些重视利润超过人才的公司付出得最少，却要求得最高。那样做是毫无意义的，可他们日复一日执意如此，他们的营业额很高。然而，正是由于这种观念和做法，他们似乎总是招不到优秀人才，因为他们的功夫用错了地方。

企业文化是其员工价值观的总体表达，是员工行为的总和，而不是你个人喜好的反映。人们会效仿他们看到的，而且会一直做下去。人们在持续的、习惯性所做的事情上创造了文化。

企业文化是其员工价值观的总体表达。

如果你所在的企业已经建立了领导力文化，那就太好了，继续强调领导力的重要性。但是，如果你所在企业的员工不重视领导力，不愿实践领导力，公司也没有对领导者的奖励制度，那么你的企业文化里就缺少了领导力文化的部分，这样就很难吸引到优秀的领导者。如果你的实际情况确实如此，那么你就有责任在自己的权力范围内提升领导力。创建领导桌吧，它会助你改变企业文化。

2. 桌上的人都积极参与领导者活动

我有幸在意大利佛罗伦萨度假了几次。每次在那里度假，我都一定会去佛罗伦萨学院美术馆观赏米开朗琪罗的大卫像。有人曾向米开朗琪罗问及他的这尊代表作，米开朗琪罗总是说雕塑早已存在于岩石之中，他只需要凿掉周围多余的石块即可。

好的领导者也要这样做，他们在众人之中找到未来的领导者，帮助他展现自己的能力。也许这就是畅销书作家布伦妮·布朗（Brené Brown）教授将领导定义为"负责在普通人中发现有潜力的领导者，并勇于培养发展这种有潜力的人"。

领导力圆桌可以为你的团队成员提供良好的成长和学习环境，这样的环境非常有利于打造领导者。在过去的几年中，我的组织发现圆桌会议在促进个人成长及领导力发展方面发挥着重要作用，尤其是小组活动，每个人都积极参与互动，互相关心。在这里，人们可以发现新点子，敢于挑战固有思维，实践所学知识，督促彼此共同进步。

我的公益机构约翰·麦克斯韦尔领导力基金会（John Maxwell Leadership Foundation）在国际上也以小组的方式组织培训价值观圆桌会议，已经培训了几十万的领导者，他们又继续帮助几百万人明确目标，锤炼品格，提升领导能力。小组成员在几周的时间里一直在一起，全心投入，这样的团队充满活力，领导者也开始崭露头角，在接近培训尾声时，他们会组建自己的团队，成为团队的领导者。这样的训练对成员今后的人生也有着深远而积极的影响。

在约翰·麦克斯韦尔团队中，每位成员都会用到我的书 *Developing the Leader Within You 2.0* 中所涉及的观点，接受有的放矢的领导力培训。他们会加入领导圆桌会议，一起阅读和讨论书中的各个章节，相互挑战，相互支持，共同成长。

我们也鼓励他们去培训他人，不断改进自己的培训方法，这也为他们提供机会，将所学知识运用到现实生活中。

如果你尚未创建自己的领导桌——或者你已经开始培养领导，但想要找到一种有效的方法来挑选更有潜力的领导者，进一步培养他们——试着创建领导力圆桌会议，第一次与小组会面时，首先要做的就是跟他们一起设定会议预期。你需要告诉他们：

· 小组培训是真诚的讨论，而不是教学。

· 这个环境也是一种激励。

- 每个小组成员都要积极参与。
- 大家的问题都是好问题。
- 每个人的目标应该是为共享的内容增加价值。
- 圆桌会议的目的是实际运用，而不是获取信息。
- 我们要对彼此负责，遵守承诺。

丢掉自我，专注于员工

作为圆桌会议的主持人，不需要教授什么，你的任务是提出问题，促进大家讨论。对于你个人和自己的经历要保持一种开放而真实的态度，但同时要专注于他人，给予他们百分之百的关注，高度重视每个人，尽可能认可他们所说的内容。

期待他们为领导桌增值

领导者的最大价值就是为他人提升价值。作为小组的领导者，你需要尽最大努力为领导桌上的人增值，鼓励他们提升自我价值。尽一切可能，让他们组成团队，互相分享对自己最有帮助的东西。这样既可以提高学习效率，也可以很好地让成员们体验到为他人增值的经验。

鼓励大家 ACT

知识不是成功的关键，应用知识才是。领导者就是这样成长起来的。因此，学习知识的运用必须始终是每届领导人圆桌会议的目标。

多年以来，我一直在教授被我称之为 ACT（Apply、Change、

Teach）的东西。A 代表应用，C 代表变更，T 则代表教导。每当我处于一个可以自我成长的环境中时，无论是圆桌会议、大型会议还是小型会议，我都会仔细听，找出我能实践的 ACT。我鼓励你也这么尝试，帮助其他小组成员，在每节课结束时，就已讨论的内容向组员提问：

"哪些可以应用于自己的生活中？"

"哪些可以让自己有所改变？"

"你能教给别人什么来帮助他们呢？"

然后，在下次培训开始时，询问组员在上次培训会上承诺过的 ACT，请他们分享自己的后续工作。你会惊讶地发现，当组员知道他人对自己表示信赖并追究责任时，他们就会马上运用自己所学的知识。

关注领导桌上的目光

设置领导桌的最大好处之一，是你会看到潜在领导者如何从中脱颖而出。你能看到人们如何思考，如何解决问题。你还能观察到他们之间如何相互交流，可以了解他们的性格，了解其他人如何回应他们。那些比别人看得更多、更远的人，会慢慢崭露头角成为团队的领导者，其他人则会自然而然地感知到他们的领导力，对他们肃然起敬。只要你提出问题，你就能看出他们的影响力，因为其他人的目光会聚集到他们身上，以期获得答案。

作为培养领导者的领导者，最后的动力可能是最有价值的，最优秀的领导者会让自己崭露头角。领导力圆桌会帮助所有参与者，如果你留心观察，而不是自己主导讨论，那么你就会找到优秀的领导者，你需要给他们成长空间，给他们贴标签，以实现更加个性化的发展。

3. 桌上的人受益于身边榜样的力量

之前的大多数人是通过当工匠学徒来学习行业或职业技能的，学徒跟随师父亦步亦趋，在近距离观察中学习基本知识，给师父打下手，不懂就问，最后在师父的指导下练习手艺。然而，今天的学习过程又是如何呢？人们坐在教室里听课，或通过看视频、读书的方式来学习。我也写书授课，我本人非常看重这样的学习方式，但是这些方式不同于"在桌旁"与领导前辈近距离接触的亲身实践。

我最近看到一组关于人们学习方式的统计数据，很有意思：

·通过学习理论，把新技能转化为实践的学习者有 5%；

·通过学习理论和观看示范，把新技能转化为实践的学习者有 10%；

·通过学习理论，观看示范，边学边练，把新技能转化为实践的学习者有 20%；

·通过学习理论，观看示范，边学边练，即时得到批评指正，把新技能转化为实践的学习者有 25%；

·通过学习理论，观看示范，边学边练，并得到现场培训指导，当场得到反馈并立即改正，将新技能转移到实践中的学习者有 90%。

学习者能够亲自参与其中，近距离接触前辈，得到他们的指导和反馈，这种学习经历无可替代。

领导力更多源于自主获得而不是被教授。这就是为什么我们说，潜在领导者想要学习领导者前辈的思维方式，学会如何解决问题、如何付诸实践的最佳方法之一是花时间与他们一起坐上领导桌。对他们来说，有机会参加战略性会谈就是打开眼界。倾听不同的领导者针对某一问题如何相互博弈和角力，看他们如何做出选择，如何互动，这些是你能赠予潜在领导者最棒的礼物。对于潜在领导者来说，会议室就是他们的教室。不过，你得有意为之。每次我邀请潜在领导者参会之前，我都会问自己：

"我有哪些问题要问他们？他们有问题要问我吗？"
"我有经验分享给他们吗？他们有经验分享给我吗？"
"我有教训要告诫他们吗？他们有教训要告诫我吗？"
"我有哪些意见要给他们？他们会给我哪些意见？"

当我问自己这些问题并在整个会议过程中思考，潜在领导者就更有可能从谈判桌上获益。

领导力更多源于自主获得而不是被教授。

当然，还有其他方法可以让领导前辈和潜在领导者聚在一起，互相学习。举个例子，每年我都会在约翰·麦克斯韦尔公司举办一场特别的活动。我们将120位领导者带到另外一座城市开展领导力体验活动，我们称其为"交流实践"。这个活动非常受欢迎，通常一经推出就销售一空。这是为什么呢？就是因为领导者之间能近距离地接触。在三天时间里，来自不同行业拥有不同背景的领导者齐聚一堂，共同讨论，提升领导力，丰富领导经验，这就像类固醇学术研讨会。许多参与者深受课程影响，他们结下了终生的友谊，甚至改变了自己的人生轨迹。

我希望自己每年可以做更多类似的交流实践活动，但是由于我行程太繁忙，根本做不到。我能做到的是每个月与不同领导者团队进行电话交谈，为他们提供指导，回答问题，推进讨论。现代技术使我能够与世界各地的人更加亲近，随时将领导精神传递至电话那头的人。

我坐在办公桌前写下这一段文字的时候，抬头看着对面墙上的一幅画，这幅画在我办公室挂了很多年，画上有两个男孩，他们并排坐在桌子旁，大男孩正在向小男孩演示如何画画。大男孩专注于他手中的画，而小男孩则专心地看着他画。每当看到这幅画，我都会深受启发，它使我想起自己每天坐在桌旁，既是大男孩，也是小男孩。我应该始终为他人增加价值，与此同时也向他人学习。

善于培养人的优秀领导者将人们召集在一起，这种环境有时会产生意想不到的结果。举个例子，马修·萨伊德（Matthew Syed）是 20 世纪 90 年代英国数一数二的乒乓球运动员。他三度夺得英联邦冠军，参加过两次奥运会。他就是通过亲近关系成为顶级乒乓球运动员的。1978 年，他的父母买了一张非常豪华的乒乓球桌，放在车库里。萨伊德和他的兄弟经常对打，也喜欢带上朋友一起打。他们投入了大量时间练习，学习打球方法，改进并实践打球技能。但是，促使萨伊德进阶的重要一步是他遇到了皮特·查特斯（Peter Charters）。

查特斯曾在阿德林顿小学任教，是所有课余运动的教练。但查特斯最热衷于训练乒乓球。萨伊德在他的书 Bounce 中说：

> 查特斯最看重的是乒乓球，他是美国顶级乒乓球教练，也是英国乒乓球协会的资深会员。其他运动仅是为乒乓球打前站，是发掘运动苗子的机会，无论学生的运动天赋在哪种运动上出现，他都会毫不犹豫地将其天赋集中在乒乓球上。阿德林顿小学的孩子们，没有一个人能逃脱查特斯的试训。他对乒乓球运动充满热情、全心投入和无私奉献，正因如此，每一个有潜力的运动员都会被他说服，加入当地的欧米茄俱乐部，来提高自己的乒乓球技能。

欧米茄俱乐部 24 小时开放，聚集了该地区所有最优秀的运动员。20 世纪 80 年代，从该俱乐部走出来的顶级乒乓球运动员比英国其他地区加起来的还要多。究其缘由，萨伊德如是说："所有的体育天才全部集中在乒乓球上，所有有抱负的球员都由优秀的教练来培养。"

查特斯做了什么呢？他不断吸引有潜力的球员，邀请他们加入领导桌，聚在一起，彼此交流，共同进步，把他们培养成出色的球员。试想一下，如果你想吸引具有领导天赋的人，把他们培养成真正的领导者，你该怎么做呢。

在深入探讨之前，我想再谈一谈亲近关系的力量，它创造了"人运"。你可能不明白，什么是人运？这是作家吉姆·柯林斯（Jim Collins）创造的一个术语。有一次我们聚餐，他向我介绍了这个概念。他说这个世界上有很多种运气，但是最好的运气是人运。简而言之，就是你认识的人。作为领导者，人运对你来说很有价值，你邀请坐上领导桌的人很可能成为你不可思议的财富。

向他们展示人运的价值

我的朋友哈维·麦凯（Harvey MacKay）是人际关系大师。他曾与我分享："如果你的房子着火了，别管瓷器、银器、结婚照，带上罗勒德斯就行了。"哈维的年龄和我一般大，让我来给你翻译一下：带上存着所有联系人的智能手机。

哈维为什么要这么说呢？因为他深刻地理解到结识他人并与之建立联系有多么重要。当你拥有人运时，在任何困难的时候都不要问自己："我该怎么办？"应该自问："我认识的人中，有谁可以帮助我？"你不需要知道所有的东西，只需要认识足够多的人，他们之间总有人知道。我不是火箭科学家，但你猜怎么着？如果我需要知道只有火箭科学家才知道的东西，我会打电话给我的朋友帕特里克·艾格斯（Patrick Eggers），他曾经是火箭科学家，可以为我提供帮助。

把他们放在有人运的位置上

我母亲曾经对我说，人以类聚，物以群分。如果你希望自我提升，请加入比自己更优秀的人群中。

吸引领导者时，让他们加入比他们更聪明、更有经验、更优秀的群体中。如果他们天资聪慧，就会迎头赶上。一定记得，如果一个人总是班上的前几名，那么他或她就进错了班级。

教他们向具有人运的人寻求帮助

人运就是不断扩大自己的朋友圈。扩大朋友圈的最佳方法之一是让身边的人把自己介绍给他们认识的人。我自己已经这样实践了多年，"你认识哪些我应该认识的人？"为了帮助你的领导者增加运气，教他们问同样的问题，我还得给出一个忠告。这个方法只有在认识你且信任你的人之间才管用，如果没有建立互信，我绝不会问这个问题，因为我不希望得到的答案是："我又不认识你，怎么知道你要认识谁。"所以，首先必须建立互信。

> **如果一个人总是班上的前几名，那么他或她就进错了班级。**

帮助他们成为获得人运的幸运儿

专业越强，手艺越精，与高层会面的概率就越大。你可能听说过，自己的运气自己创造。意思是说，努力工作，不断提升，自己就能创造出新机会，时刻准备抓住机会，通过自我提升来为自己赢得前进的道路。

帮助领导者变得更好，让他们成为更幸运的候选人，如果一个人的水平为 2 分（以 10 分制计算，最高为 10 分），那么水平为 8 分的人就可能不会与他们建立起联系。人们倾向于被能力相似的人所吸引。那么，你问能帮他们做些什么呢？答案就是：让他们不要放弃。

指导他们提升人运

当我与一个自己真正佩服并且想向其学习的人建立联系时，我的目标是：与他 / 她再见一次。不过，你不能只是提出要求，期望达到目的，你必须自己赢得见面的机会。我的做法是精心准备首次会面。我会花几个小时甚至几天的时间来思考即将到来的见面。我会下功夫研究这个人，如果他或她写过书，我会全部读一遍，还会仔细思考自己想问的问题，把所有问题都写下来。实际上，我写下的问题远比真正提问的要多。

当我们见面时，我会表现出对这次会面的热情期盼，表达出对有关彼此共同利益问题的强烈关注，会面接近尾声时，我会表达感谢。我希望自己所做的一切都能使我表现得与众不同，这样我就有机会再向这个人学习更多的东西。

最近，领导专家兼作家罗宾·夏尔马（Robin Shara）邀请我在多伦多的一次会议上发言。多年来，我一直非常欣赏他的作品，但从未见过他。当我得知自己有机会与他见面时，为此做了充足的准备，希望通过这次见面与他建立起长久的友谊。我读过他的书，熟悉他的教学，因此我在自己的演讲中引述了他的话。我告诉观众他的作品是如何为我增值的，演讲结束后，我留下来为观众签名售书，演讲取得了超越自己预期的效果，当我俩见面时，罗宾流露出感激之情。我很高兴地告诉他，我们肯定会再见面的。

在领导桌上教会你的后辈和潜在领导者怎样去接触那些他们想与之交往和向其学习的人，将对他们大有帮助，他们在与优秀领导者近距离接触的过程中受益，他们还将学会如何与他人保持亲近关系。

4. 帮助领导桌上的人实践领导力

最后，掌握领导力的唯一方法就是去实践领导力，领导不是理论学习，而是一个动词。无论是作为商人、志愿者、员工、父母还是教练，要想更好地发挥领导才能，都必须实践领导力。为什么不让潜在领导者从领导桌开始，与你和其他对他们有帮助的领导者一起练习呢？

> **掌握领导力的唯一方法就是去实践领导力，领导不是理论学习。**

马修·萨伊德在他的 *Bounce* 一书中也谈到了实践对成才的影响。他列举了心理学家安德斯·埃里克森（Anders Ericsson）和其他两位同事在 1991 年进行的一项研究。那时，他们在西柏林音乐学院（Music Academy of West Berlin）研究小提琴手，根据学生的感知能力水平将他们分为三类：

· 有能力作为国际明星独奏家的学生；
· 有能力在世界上最好的乐队中工作的学生；
· 有能力从事音乐教学的学生。

这些评分是根据学校教授的意见以及学生在公开比赛中的表现综合得出的。

埃里克森发现，三组学生的经历非常相似。大多数从 8 岁开始练习；快满 15 岁时决定成为专业音乐家；大约都跟随过四名老师；除小提琴外，平均每人还学习了不到两种其他乐器。刚入学时，这些学生的才华并没有显著差异。那么，区别在什么地方呢？练习时间！到 20 岁时，最末层学生比中间层学生少练习了四千个小时，而中间层学生比顶尖层学生少练习了一千个小时。"这种模式无一例外。"对于埃里克森的调查结果，萨伊德如是说，"有的放矢的练习是将最优秀的人与其他人区分开来的唯一因素。"

如果你想培养领导者，就要鼓励他们去实践领导力，为他们提供专门的练习场所，没有比领导桌更好的练习场所了。

领导者就是要为他人布置桌子

作为领导者，我最大的乐趣就是培养其他领导者。如今，在73岁的年纪，我仍然一如既往热衷于此。二十年前坐上由我设置的领导桌的一位领导者，如今也正在不断地设置领导桌，吸引着成千上万的人来到桌旁，帮助他们成为更好的领导。这个人的名字叫约翰·韦里肯（John Vereecken），他负责我的非营利机构在拉丁美洲的领导力发展项目。

我第一次见到约翰是在2000年，那年他才35岁。他是美国密歇根州人，不过自1985年以来，他和他的妻子卡拉（Karla）就一直在墨西哥生活和工作。约翰最开始是个助手，为墨西哥山区农村的土著人提供服务。他和妻子徒步行走，拜访了一个村庄又一个村庄，帮助当地人种庄稼，在为民服务的同时分享自己的信仰。后来，约翰开办了几所圣经学校，并帮助建立了几座教堂。

约翰做得越多，就越意识到拉丁美洲的领导力文化与美国的领导力文化大不相同。美国以北的北美人乐观进取，敢闯敢干，他们相信自己什么事都能做成，然而拉丁美洲人往往犹豫不定，怯于尝试。那些想要领导的人往往需要先获得权力和地位，才能实现这一点，如约翰所说，"控制大众"。他们的领导模式是告诉别人该做什么，约翰想尝试改变这种状况。

与此同时，我为"守信者"（Promise Keepers）做了大量演讲，有幸结识了拉丁美洲最受欢迎的基督教唱片艺术家马科斯·威特（Marcos Witt）。马科斯把我介绍给了约翰。就在那时，我得知他俩梦想着帮助墨西哥和拉丁美洲其他地区的人民接受另一种领导模式，即领导者要为他人增加价值，鼓励和赋予他们权力，并帮助他们成长和成功。

约翰说，他读过《领导力21法则》和《团队领导力17法则》（*The 17 Indisputable Laws of Teamwork*），这两本书使他意识到自己可以成为更好的领导者，任何人都可以学会领导。仅从与约翰的交谈之中，我就能看出他巨大的潜力。他已经做了不少事，我还想助他一臂之力。于是，我对他说："我批准你拿下这两本书的版权，把它们翻译成西班牙语，你可以在拉丁美洲的任何地方讲授这两本书。"我还告诉约翰和马科斯，如果他们每年开一次年会，召集他们手里最好的领导者一起，我会亲自到现场来做讲座。

约翰后来承认，当我说他可以使用我的材料来教授领导力时，他看不清楚自己的能力，但他愿意尝试。不久之后，他在洪都拉斯圣佩德罗苏拉市讲授了《领导力21法则》，他仿佛开始看到商界、政界、教育界甚至宗教界人们头顶的灯都亮起来了。他们意识到领导力不是职位和权力，而是影响力，领导力真的可以帮助他人。

我一直关注着约翰，看着他训练了整个拉丁美洲的领导者，成效显著。当我的非营利机构 EQUIP 准备开始培训中美洲和南美洲的领导者时，你一定能猜到我找谁来帮忙：约翰。他的组织雷德（Lidere）通过 EQUIP 促成了对 50 万人的领导力培训。我还将继续与他合作。他是约翰·麦克斯韦尔基金会在危地马拉、巴拉圭和哥斯达黎加的倡议的重要贡献者。

我请约翰谈谈他对我们之间互动的看法，他是这样说的：

那时，我还不知道领导力是什么，你却愿意相信我。我想，如果你认可我，那么我也认可我自己。我不想让你失望，然后，随着我对你的了解越来越深入，我见识到你为人增值的方式才是真正的领导力基础。

你用各种各样的方式来培养我。你把自己的平台借给我，为我开了机会之门，这是我从未有过的机会。你对我倾注心血，在辅导电话里、晚餐时、航班上或活动开始前的后台为我指导。你耐心地回答我的问题，慷慨地向我传授领导智慧，分享实践经验。你给我机会，放手让我去领导。在拉丁美洲领导的几个重大项目，促使我突破领导力瓶颈。当你与某个国家总统讲话或在讲台上演讲时，有机会为你翻译是我一生中的绝佳机会，我的领导力得以加速提升。而且，公司的领导力文化氛围浓厚，仅仅与公司的员工交流，都可以高效地提升我的领导力和人际交往能力。

约翰·韦里肯受邀加入领导桌，他坐上领导桌之前就已经掌握了一定的技巧，怀揣着满腔抱负。他渴望得到帮助，也需要帮

Chapter 3

第三章

理解领导者
先建立关系再领导

2004 年，可口可乐公司陷入困境。据顾问格雷戈里·凯斯勒（Gregory Kesler）称，该公司面临"消费者的健康意识日益增强，开始对碳酸饮料说'不'的问题，新产品停滞不前，直销削减持续数年，股价受挫已超四年，甚至有商业媒体宣称可口可乐配方中的'嗞嗞声消失了'。"

1997 年，可口可乐董事长兼首席执行官罗伯特·戈伊苏埃塔（Roberto Goizueta）去世，结束了他在该公司十六年的领导。在他的领导下，公司的市值从 40 亿美元上升至 1500 余亿美元。戈伊苏埃塔是公司的第九任董事长。但是在他辞世后，可口可乐的表现却差强人意。在 2004 年后的七年中，两任首席执行官——道格拉斯·艾维斯特（Douglas Ivester）任职两年，道格拉斯·达夫特（Douglas Daft）任职四年——均未能带领公司扭转局势。

2004 年 5 月 4 日，可口可乐宣布内维尔·艾斯戴尔（Neville Isdell）担任董事长兼首席执行官。在此之前，艾斯戴尔一直住在巴巴多斯，享受着退休生活。他出生于北爱尔兰，成长于赞比亚，在可口可乐公司工作了三十多年。他与该公司的关系始于 1966 年，当时他在赞比亚的一家可口可乐装瓶厂工作。六年后，他担任了非洲最大的可口可乐装瓶厂——约翰内斯堡可口可乐装瓶公司总经理。多年来，他辗转世界各地，在公司中一路晋升，最终成为英国可口可乐公司的董事长兼首席执行官，他负责创建了可口可乐希腊装瓶厂，这是世界第二大可口可乐装瓶厂。

艾斯戴尔没料到自己会临危受命，再度出山。尽管他在可口可乐公司工作的那些年成就颇丰，但从未有人考虑请他担任首席执行官一职。不过，他将这次任命视为"终极挑战"。各路专家、投资者，甚至《华尔街日报》都对此表示怀疑。他们认为艾斯戴尔无法使公司扭亏为盈，恢复稳定增长。

但那些了解他的人却对他非常有信心。"艾斯戴尔从里到外都了解这个行业，他是经营可口可乐的最佳人选，没有之一，"加利福尼亚州希尔斯伯勒（Hillsborough）饮料行业顾问伊曼纽尔·高德曼（Emanuel Goldman）说道，"他的人际交往能力非常出色，他让身边的每一个人都感觉很舒服。"

在重返可口可乐亚特兰大总部的第一天，艾斯戴尔就对员工们说："一切关乎于你，一切关乎于人。"他们听闻此话，都非常高兴，但艾斯戴尔并不确定员工们是否真的相信他。在几年后的一次采访中，艾斯戴尔叹道："多年来，我们一直没能达到自己的目标，我必须付出，但我也需要投资，我需要重新获得大众的信任。我已明确表示，自己此次回来是要采取长期有效的行动，在做出改变之前，我要走出去，去倾听，去沟通。"

艾斯戴尔决定来一次倾听之旅。他在自传中写道：

通常，第一个一百天应明确阐述经营策略。尽管我在公司内部采取了一系列措施，进行了重大任命，但我宣布在此期间不会与媒体或分析师对话。我不希望仅根据自己在巴巴多斯所看到的，就抱着先入为主的观念来发表声明，而是通过到世界各地参观我们的分支机构，与员工、客户以及其他与公司息息相关的重要人物的会面来了解更多信息。

艾斯戴尔离开可口可乐仅三年时间，他想与主要领导们建立关系，亲自了解他们和他们的问题。他说："我们开玩笑说公司已经变成了一个'无反馈区'，我们都知道是时候做出改变了。"

他所做的第一件事是前往芝加哥，修复被另一名高管破坏的与麦当劳的关系。然后，他飞去西海岸，与可口可乐董事会成员彼得·乌伯罗特（Peter Ueberroth）会面，面对面地征求他的建议。然后，他飞往印度和中国。接着去了墨西哥城和里约热内卢，然后去到西班牙。他听到的大部分消息都不好，与装瓶商和合作伙伴的关系不好，官司不断，可口可乐在公众中的声誉受损。

当年8月，艾斯戴尔把他获得的一手报告收集整理起来，再把可口可乐公司的前150名高管都聚集在伦敦，决心让他们建言献策，为推动公司发展制订计划。艾斯戴尔说：

我们将为公司制订一个全面的增长计划，而不仅仅是新的战略和使命声明，这将是如何让公司再次增长并长期维持增长的路线图，这幅路线图不是由公司顶层决定的，而是由公司的高层领导协调有机地发展而来的，因为这些高层领导早已对裁员、官司、

CEO办公室的音乐椅游戏以及挥之不去的利润下滑感到沮丧……随着会议的推进，高管们慢慢地意识到自己的确有能力塑造公司的未来，他们的热情被点燃了。

艾斯戴尔接着说："一家公司只有拥有员工的支持，才能取得成功。决策者必须确信，领导力才是自己的核心利益，有了强大的领导力，才能为企业赢得胜利。"伦敦会议后，艾斯戴尔说："现在，我们可口可乐已具备领导力……我们的员工第一次成为我们的盟友，这是我们实现目标的中流砥柱。公司的计划成了他们的计划，他们全心全意地支持它，相信它。"

艾斯戴尔推动可口可乐再次朝着正确的方向发展，他还积极培养自己的继任者穆赫塔·肯特（Muhtar Kent），让他接替自己的职位。格雷戈里·凯斯勒报告说："在艾斯戴尔的领导下以及由他确定并悉心培养的继任者穆赫塔·肯特的领导下，公司连续11个季度实现了增长目标。2007年，公司为股东带来了30%的总回报……今日，美国消费者新闻与商业频道（CNBC）将他描述为变革型CEO。"2004年，艾斯戴尔六十花甲，临危受命。2008年，肯特出任首席执行官。2009年，艾斯戴尔第二次退休，肯特担任董事长一职，成功任职至2019年4月。

领导者永远做关于人的工作

在《领导力21法则》中，我写了"关系法则"：领导者在要求他人帮助之前，首先应该与之交心。内维尔·艾斯戴尔正是这样做的，在进行改革之前，他首先与员工建立关系。在做出重大领导决策之前，他开展了多次领导层讨论。即使他在那么多国家／地区可口可乐公司分支机构工作过，拥有那么多年的经验，他仍然认为自己经验不足，拒绝贸然行动，他也不想当然地认为可口可乐的员工都信任他。他的使命是在做出重大改变之前，以及在试图赢得华尔街或媒体的青睐之前，与人们建立联系并理解他们。在最初的一百天，当他准备行动时，他把他的员工也纳入了议程。

领导者需要向艾斯戴尔学习。在领导和培养员工之前先与他们建立关系。你需要找到自己与潜在领导者的共同点，这与能力无关，而与态度有关。你应该具备歌手兼作曲家卡洛尔·金（Carole King）类似的精神，他曾说过："我想与人保持联系，我希望人们这样想：'对了，就是这种感觉。'如果能够做到这一点，那么你把他们培养成才的机会就更大。"

在当今的领导环境中，诸如提问、倾听、对他人富有同情心以及理解他人的观点等软技能至关重要。WordSmithRapport 的创始人兼首席执行官卡里玛·马里亚玛－亚瑟（Karima Mariama-Arthur）曾说：

迄今为止，经验和业务敏锐度对领导者的作用非常有限，与利益相关者和员工保持紧密接触以及在社交环境中灵活应变已成为普遍规则，而非个例。随着整个社会日益全球化，相互理解、相互欣赏以及合理利用差异对有效领导至关重要。

为什么在请求帮助之前交心如此重要？因为人们不会自动对你做出任何承诺，但如果他们了解你，就会心甘情愿地追随你，当他们感到被理解时，就会将自己交给你，我相信，你作为领导者若采取以下行动，就会被追随：

- 给予他们重视；
- 让他们感知被需要；
- 带着他们一同前行；
- 为人师表；
- 善于提问；
- 用心倾听；
- 了解他们的想法；
- 肯定他们的帮助；
- 感恩帮助过自己的人；
- 常说我们，而不是我。

几年前，一位导师告诉我："如果你与员工同甘共苦，他们就会真心诚意地对你。"我发现的确如此，若员工知道你在与他们共同进退，他们更有可能和你并肩作战。最好是能从员工的视角看待世界，常常提问，仔细倾听。让我们逐一来看一下吧。

如果你与员工同甘共苦，他们就会真心诚意地对你。

从员工的视角看世界

养成良好的领导力需要将视角从关乎我转向关乎他人。这意味着我们需要尝试从他人的角度看问题。罗盘科技（Pyxis Technologies）的咨询负责人、培训师兼教练斯蒂芬·苏德克（Steffan Surdek）说："视角是个人看待世界的方式，它由个人观点、生活经验、价值观、当前的心态、对当前情况的判断以及许多其他因素综合形成……可以说，我的视角就是我的现实。这句表述很有道理。我们分析某个多人参与的事件时，获得的视角越多，就越接近现实。"

你要如何才能获取这些视角呢？

1. 学习前瞻性思维

我希望在自己领导生涯早期就尝试像其他人一样思考。很长时间以来，我都只想让他人以我的方式思考，而我不明白他们为什么不照做。因此，我花了大量的时间和精力去说服他们接受我的方式，但这可不是让员工跟你同舟共济的好法子。

慢慢地，我开始学习了解别人的想法，从他们的位置而不是我的位置领导他们。人的希望和梦想可能独一无二，但人们具备许多共同的特征，作为领导者，当你明白这些知识之后，就能够与他们建立联系，以下是我的发现：

·大多数人没有安全感，你要给他们信心；

· 大多数人都希望与众不同，你要学会称赞他们；

· 大多数人都希望前途光明，你要给他们希望；

· 大多数人需要被理解，你要倾听他们讲话；

· 大多数人想要明确的前进方向，你要与他们一同前行；

· 大多数人是自私的，你首先要谈谈他们的需求；

· 大多数人都会情绪低落，你要学会鼓励他们；

· 大多数人都希望被接纳，你要征求他们的意见；

· 大多数人都希望成功，你要帮助他们获胜；

· 大多数人都希望被欣赏，你要认可他们。

一旦你了解了人们的想法，与他们平等相处，而不去指责评判他们，你就可以更好地与他们共事，更顺利地领导他们。

2. 实践中寻找观点

通常在会议结束之后，我会请在场的团队领导就刚刚的会议发表自己的见解。他们的评论可以帮助我抓住可能遗漏的东西，让我深入了解他们对会议中领导力变化的看法。通常，我在培养领导者的过程中，会先了解他们的看法，再给他们反馈我的看法。

3. 参与视角协调

正如我之前讲到的，每当我与我的团队在一起时，无论是在工作布置会、活动后的总结汇报会，还是在与其他组织的碰头会上，我都会询问团队成员的看法。但不止于此，我们对话中的真正价值在于将这些视角相互协调起来。我的做法是指出其中一名团队成员的观点与其他成员之间的相互关系，告诉他们这些观点与我的观点之间的相互关系，并试着将所有观点与组织的愿景结合起来。

我想做的是扩大每个人的视野和视角。我努力帮助他们提升领导能力，一起提出新视角。我会问大家，这个观点如何使我们的集体受益，如何使我们个人受益，如何推动我们团队发展。它促使每个人从更宽泛的角度看待问题，而不仅仅是从他们自己的角度。若你培养的领导者能够通过他人的眼睛看待事物，你就知道他们的领导力已经逐渐走向成熟了。

常提问题

如果真的想了解他人，你就需要多提问题，我本人也是花了很长时间才理解到这一点。不过，我一直在努力提高自己的提问技能。随着我不断提出各种问题，得到一个重大发现：提出问题与给出指导意见的作用正好相反。为团队给出指导意见通常会限制他们。相反，提出问题实际上是为他们创建了发展空间，即表达、交流、创新以及解决问题的空间。提出问题有如下作用：

· 创造畅所欲言的空间；

· 重视他人的价值及观点；

· 帮助他人更好地了解彼此；

· 邀请所有人积极参与；

·不先入为主；

·促使人们思考；

·引导对话。

我们面对的现实是，没有一个人知道所有问题的答案且所有人都会犯错误。这时，我们需要创建一种文化氛围，在这种文化氛围中，创造力蓬勃发展，允许人们犯错并从挫折中汲取经验。

最近，我在鼓励一位领导者多问问题而不是多给出指导意见时，他却显露出沮丧之情。他说："如果我提出问题，我就控制不了对方的答复。"但是领导力不是控制，而是影响力。我让他理解到，你其实不想控制别人的反应，而是想影响他们的思想，进而影响他们的行动。你完全可以通过提出正确问题来实现这一点。你提出的问题就会指明前进方向，指导工作进度。问题越深入，对问题的理解就越深刻，而且通常人与人之间的关系也就越紧密。这样做实际上可以增强你的领导力，而不是削弱领导力。

提出问题有助于领导者建立关系。我最初提问是为了获取信息，但是在提问过程中，我渐渐地明白，问问题可以让我更加了解自己的员工。由于更了解他们，就能更好地领导他们。这种认识使我更加有意识地提问，更重视提问的方式方法。

对领导者而言，先入为主常常把事情搞砸。西蒙·西内克（Simon Sinek）在他的《从"为什么"开始》（Start with Why）一书中说：

人做决定是基于自己对事物的认知。就在不久前，大多数人还认为地球是平的。这种对事实的感知直接影响了人们的行为，那时的人们几乎不去探索世界。人们担心如果走得太远，就很可能从大地的边缘掉落下去。因此，在大多数情况下，人们待在原地不动。这种情况一直持续到一个小细节的发现——地球是圆的——人们的行为才发生巨大变化。自此发现之后，人类开始横跨地球，建立了贸易路线，大陆之间开始香料交易，新的思想，比如数学开始在社会上共享，释放出各种创新和进步，对一个简单的错误假设的修正推动了人类的向前发展。

有的领导者常常对某件事物不甚了解，却装作一副了如指掌的样子，那会导致一场领导决策的灾难。当我终于开始问问题而不是先入为主地做假设时，很快发现自己作为领导者所做的很多事情都毫无效果，白费功夫，因为我所做的决定并非基于现实，而是基于错误的假设。所以，我开始不断质疑自己的假设，我的领导能力也随之提升。

如果你准备培养潜在领导者，我建议你们在见面之前先思考一下要问什么问题。

前瞻性问题

作为培养领导者的领导者，你需要向前看，需要比其他人看得更早、更远，才提得出问题，让你和潜在领导者的时间尽可能用在刀刃上。这样有助于你实现以下几个关键目标：

· 确定对话的方向；

· 描述他们的观点，并与你的观点作比较；

· 发掘他们的直觉潜力；

· 了解他们是否先入为主；

· 确定你们是否在同一频道上。

你应该根据潜在领导者的具体情况提出相应的问题。这是我列举的一些示例，在项目开展之前，或进行指导性对话之前，我会向潜在领导者提出以下问题：

"你怎么看我们提出的愿景？"

"你认为我们应该如何处理这个项目？"

"你希望从这次经历中收获什么？"

"你如何评价这场对话？"

正如我所说，提出问题比给出指导意见更强大有力。如果你想更高效地培养领导者，那么请提问吧。反正，你此后都可以给出指导意见。越是开放性问题，越能了解到领导者真正的想法。而且主题越困难、越直观、越抽象化，就越需要天生的领导者来回答。实际上，我发现如果我提出与直觉法则或时机法则相关的问题（均来自《领导力21法则》），就需要运用更多技能来回答。直觉法则是指领导者评估一切事务都会带着领导偏见，时机法则是指领导的时机与领导的内容和方向同等重要。因此，如果你要求潜在领导者对某个形势的领导力状态进行评价，或者提问他们如何知道什么时候采取行动，就会发现很多关于他们的信息。而且，你能够更好地评估他们在领导力方面的思维能力，这时水平较高的领导者就会脱颖而出。

回顾性问题

我喜欢问一些促使领导者评估和反思自己的问题，来衡量他们的意识水平，了解他们的观察能力和真实感受，知道他们学到了什么，如何运用所学所得，他们下一步的计划是什么。设计合理的回顾性问题通常会启发人们进行复盘，自我学习。如果他们错过了这次学习机会，你就要花时间来专门教他们，帮助他们最大限度地获益。

如果你想了解更多有关提问的信息，我推荐我的书《提问：卓越领导人问伟大的问题》（*Good Leaders Ask Great Questions*）。不过，在继续讨论之前，我想告诉你的是：前瞻性问题确定会议议程，而回顾性问题使会议效果最大化。前瞻性问题鼓励准备，而回顾性问题则鼓励反思。两种问题都能增进理解，为更有效地领导铺平道路，为培养他人的领导能力奠定基础。

> 前瞻性问题确定会议议程，而回顾性问题使会议效果最大化。前瞻性问题鼓励准备，而回顾性问题则鼓励反思。

成为好的听众

史蒂文·B. 桑普尔（Steven B. Sample）在《卓越领导的思维方式》(*The Contrarian's Guide to Leadership*)中写道："普通人有三种幻觉：（1）我很会开车；（2）我很有幽默感；（3）我会倾听。然而，包括许多领导者在内的大多数人都不善于倾听，他们认为说比听更重要。"

我曾经听过一个笑话，说我们听到了一半，听进去了一半，明白了一半，相信了一半，只记得了一半。如果将这些假设转换为八小时工作日，则意味着：

你听了大约四个小时。

你听到了约两个小时的讲话内容。

你实际上只听进去了一个小时的内容。

你只理解了其中三十分钟的内容。

你只相信其中十五分钟的内容。

而且只记得其中七分半钟的内容。

难怪很少有人会真正把事情落到实处。

精神病学家兼作家戴维·D. 伯恩斯（David D. Burns）指出："想要说服别人，最大的错误是把表达自我感受放在首位。大多数人真正想要的是被倾听、被尊重、被理解。一旦人们发现自己被理解，他们就会变得更有动力去理解你。"

你是否常常听到人们抱怨老板不会倾听？你是否常常听到孩子说父母不会倾听？权威人士通常喜欢讲个不停。然而，也许没有什么方式比用心倾听更能与人交心了。

1. 只有用心倾听，才能深刻理解

对于人际沟通来说，最大的困难在于大多数时候我们不去倾听，也就理解不了。听是为了准备回答。作家兼谈判专家赫伯·科恩（Herb Cohen）表示："有效倾听不仅仅需要听见对方说出来的话语，还要理解对方话语里的真实含义。毕竟，意义不在话里，而在于人。"

理解他人是我们公司中非常崇尚的价值观，彼此了解的人，相互合作也会更愉快。领导者更了解自己，更关心员工，领导起来也就更得心应手，这源于倾听。

约翰·麦克斯韦尔公司的年轻领导者之一埃里克·科罗纳（Eric Corona）在最初被我们聘用时，就对这种价值所发挥出来的效应感到非常惊讶。埃里克说：

我是一名专业的销售人员，做事积极肯干，在约翰·麦克斯韦尔公司工作的第一天，我被告知自己在入职后的前两周都不需要做任何销售工作。当时，我感到很吃惊，有些局促不安，因为我早已准备好为公司完成销售和生产任务，脚踏实地地大干一场。相反，我的日程安排是与今后需要打交道的几个部门中的所有人进行一对一面谈，这被称为"认人会"，目的是了解每个人。这些

会议中只有一小部分是让我了解他们在公司中的角色，而大多数时间其实是用于了解他们的故事：他们是谁，来自哪里，他们的家庭、信仰、爱好、梦想、目标等。我从没经历过这样的会议。我觉得自己在销售方面落下了很多，心中有些慌乱，坐立不安。不过，我真的很乐于了解与我共事的人——他们是完完整整的人，而不仅仅是坐在办公室里朝九晚五工作的人。（这并不是说我在前两周没有登录 Salesforce 系统，建立潜在客户列表，制定销售策略。有什么可说的呢？我天生就是干这个的！）

后来我对前两周工作的理解是，尽管我没有全身心地投入到销售工作中，但是我与其他部门同事之间建立的良好关系，极大地提高了我履行职务的能力，我对公司文化和工作节奏有了更深入的了解。这样我不仅知道完成相应任务需要寻求谁的合作，还了解到他们重视我，愿意尽力帮助我，这让我信心倍增。

我听说在这段"水泥待干"期，你只有大约三十天的时间将公司的"手印"贴在新进团队成员上，随着水泥干透，他们的思维方式、工作态度和工作习惯就会变得固化，再想改变就很困难了。约翰·麦克斯韦尔公司坚信在早期阶段建立关系非常重要。对此，我深表感激。

埃里克现已成为我们团队中非常重要的成员。我们知道，在公司里，向不认识的人寻求帮助是不公平的，也是毫无效果的。正如我的导师约翰·伍德（John Wooden）对我说的："如果自己先倾听他人讲话，他人就更有可能听我们讲话，为什么人们意识不到这一点呢？"

2. 倾听是最佳的学习方式

电视节目主持人拉里·金（Larry King）说："每天早晨，我都会提醒自己：我在一天中说出来的东西教不了自己什么，因此，如果我要学习就必须倾听。"如果我们不倾听，就会失去很多潜在的学习机会。

通常领导职位越高越孤立。据说在德怀特·艾森豪威尔（Dwight Eisenhower）就任美国总统的前一天，刚卸任的总统哈里·杜鲁门（Harry Truman）对他说："这是人们对你说实话的最后一天。"他知道，有了权力和成功，人们常常只会对你说你想听的，而不是你需要听的。更糟糕的是，这时候领导者开始飘飘然，认为自己不再需要倾听，认为每个人都应该听他们的。我听说，人们把入驻白宫后出现这种情况的总统称为"泡沫"总统。

如果你希望自己领导有效，就必须将每天的倾听学习当作头等大事来对待。你不能因为急于看到结果而耐不住性子，别人对你说的话远比你对他们说的更重要。究其缘由，领导者职位越高，离一线工作就越远，他们越需要依靠其他人来告诉自己真实的情况。倾听仍然是收集信息、学习新知、了解员工与他们建立关系的最佳方式。

3. 倾听建立信任和关系

葛培理（Billy Graham）曾经说过："痛苦的人不需要说教，

他需要的是一个倾听者。"我认识葛培理，曾在不同的场合与他多次见面，我知道他是一位很棒的倾听者。可以这样说，他的确善于倾听。在我看来，这就是他的团队能与他共事这么长时间的原因。乔治·贝弗利·谢伊（George Beverly Shea）自 1947 年开始就与葛培理合作，一直持续到谢伊去世。2005 年他在纽约布道大会中献唱，那年他 96 岁。克里夫·巴罗（Cliff Barrow）作为葛培理的音乐总监已工作了 60 多年，曾担任布道大会总监兼咨询总监的阿特·贝利（Art Bailey）称自己为"短工"，为葛培理工作了 20 年。

真正会倾听并自信的领导者会得到同事的信任。当我还是一名年轻的领导者时，我非常自信但确实不善倾听。我更愿意推进工作进度，而非听取团队成员的意见。

后来，一名团队成员直截了当地批评了我，我才明白自己的问题所在，她的言外之意是我不是个值得信赖的人，她觉得她的想法、见解和感受不值得对我讲。所以我必须赢得她的信任，一切要从用心倾听开始。具有讽刺意味的是，如果我真正听得进别人讲话，可能会更早懂得这一点，可能很久以来别人一直试图指出我这个问题，而我没有听进去。

作家兼教授的大卫·奥格斯堡（David Augsburger）说："被听见与被爱非常相似，对于普通人来说，两者几乎毫无区别。"倾听可以吸引他人靠近自己，这比将领导力强加于人要好得多。信任源于同理心。

> 被听见与被爱非常相似，对于普通人来说，两者几乎毫无区别。
>
> ——大卫·奥格斯堡

倾听有助于建立关系。2018 年，我被邀请前往肯尼亚，与他们的领导人一起讨论建立伙伴关系，帮助他们实现国家转型。在那里，我和我的领导者团队花了很多时间与高层领导讨论。

离开之前，我的最后一次会议成为这次旅行的闪光点。我的一家非营利机构与我的朋友罗布·霍斯金斯（Rob Hoskins）及其组织"一个希望"（OneHope）达成了合作，以我的课程为基础，为整个非洲数以百万计的高中生开展领导力培训，有五百个孩子参加了结课大会，其中四个孩子分享了他们所学到的领导力课程及其在生活中的实际应用。

我见到这些年轻领导者，有说不出的激动。我坐在前排，认真听他们讲述自己的学习心得，我听到自己的观念又被再次教回给我，还仔细记了笔记。真是令人无比兴奋。

他们讲完后，我被邀请上台讲话。当时，我看得出他们非常兴奋，他们想听听那个开发了教材的家伙要讲点什么，他们满心期待着一场领导力演讲。然而，这并不是我要讲的。相反，我分享了自己刚刚从他们那里听到的信息。我希望他们知道我在真正听他们讲了什么，我谈了谈从他们每个人那里听到的内容，加上我的一些想法，并鼓励他们继续进步，听他们分享自己如何领导真的太棒了。

活动结束时，我要求与他们合影留念，他们都很高兴。我一直把那张照片留在手机里，它时时启发着我。我还告诉他们："等你们中的某个人成为肯尼亚总统，请让我再次回到你的国家。"学生们听到这里都站起来，欢呼雀跃。我让他们知道我在乎他们，愿意倾听他们、尊重他们、重视他们。他们感到被理解，我们都感到心与心连在了一起。

"优势伙伴关系"（Strengths Partnership）的联合创始人詹姆斯·布鲁克（James Brook）曾说：

研究表明，在与直接下属及其他同事进行交流互动时，大多数领导者使用的仍然是倡导手段，即提出一个论点来作为说服手段。最高领导层和组织文化经常会强化这种行为，他们鼓励用"讲述"的方法来完成工作，而非积极的倾听和提问。

如果你不知道他们是谁，他们想去何方，他们在乎什么，他们如何思考以及希望如何做出贡献，你就永远无法充分发挥员工的潜力，这些都是只有倾听才能学到的东西。一旦你真的这样做了，员工会觉得自己处于这件事的核心，他们觉得自己像伙伴，而不仅仅是雇员，他们会因为你的关心而更加信任你。

作为领导者，你可以对任何你想要培养的人做的最重要的事情之一就是理解并与他或她建立联系。请记住，这是一条双向车道。是的，如果你想了解这位潜在领导者，就要提供机会，让他或她更好地了解你。

　　我在领导力发展方面的早期成就之一是芭芭拉·布鲁马金（Barbara Brumagin）。她于 1981 年成为我的助手，后来凭自己的能力迅速成为优秀的领导者，那时我们都还很年轻。我在培养她的过程中还犯了不少错误，但无论如何还是成功了，她渴望成为年轻领导者的愿望比我发展她的能力更强。

　　在编写本书时，我请她分享了一些经历。我知道，包括她告诉我的内容可能都是自卖自夸，但这不是我的本意，我的愿望是鼓励你与潜在领导者建立联系，培养他们，即使你没有经验，就像我当时那样。你不需要成为一个专家才算成功，你只需要了解他们，并给他们机会理解你。以下是芭芭拉对这些经历的看法：

　　在任职的第一天，我的办公桌就被安排好了，我坐在与您相邻的办公室，能看到您，听到您的声音，您的大门总是敞开着。不仅如此，我能够观察到您在办公桌前是怎样做着既平凡又重要的工作，制订日常计划和长期规划，与人互动。每当您要见重要的人物，都会花时间给我讲解您的思维过程，给我讲背景知识，告诉我您为什么要做这样的决定，以及形成决定的过程，这帮助我理解分配给我的任务，并为此做足了准备。

　　听到您与家人的互动，我学会了如何用言语和行动去表达爱，去肯定和鼓励他人。无论您的日程安排多么紧张，您总是最先接玛格丽特或孩子们打来的电话。

　　那时，在组织的每周计划会议中并没有要求助理参会，可您还是带我参加了这些会议。这让我更了解项目，了解您需要什么样的团队成员，从而为新任务更好地做准备。在这些会议结束后，您总是问我是否有任何问题或反馈意见，是否需要进一步了解某些问题，问我观察到什么，学到了什么。您非常重视我的想法，这让我有机会了解您的评估过程。每当我们见面时，我总是有机会提问。

而您总是对我表示感谢，几乎我们的每一次谈话结束时，您都会说："谢谢您的帮助。"直到今天我们通电话时，您的最后一句话仍是："我能为您做点什么吗？"

芭芭拉是我的工作伙伴，她非常出色。我说不清在与她一起工作的十一年中，她为我提供了多少帮助。她刚开始是我的助理，但后来工作越来越多。她有一颗真诚为我服务的心和促进组织发展的愿景。因为我了解她，而且我对她毫无保留，也愿意让她了解我，所以她负担起越来越多的责任。她可以代表我与他人沟通，代替我做决定。一开始，她会向我询问以确保自己做的是对的，但是不久之后她就开始独自行动，再向我汇报，让我及时了解事情的进展情况。之所以能这样，是因为我们彼此非常了解。

如果你要发展领导者并且希望体验领导者的最大回报，就必须与领导者和潜在领导者保持良好关系。你需要了解他们，尽一切可能去理解他们。此外，你需要足够开放，以便他们能够了解你，向你学习。这是培养最高水平领导者的必经之路。

Chapter 4

第四章

激励领导者
最大限度激发他们的动机

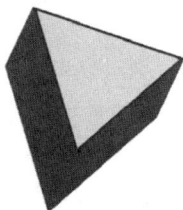

我被问得最多的问题之一就是:"如何激励员工?"显然,每个领导者的组织或团队里都有缺乏动力的人,让他们行动起来很困难,即使你做到了,他们早晚会再次慢下来。如果让他们行动起来还不够困难,那么让他们持续行动就真的太困难了,可能会让人身心俱疲。我的朋友金克拉说得好:"人们经常说动力不持久。其实,洗澡的效果同样不持久,这就是为什么我们建议每日洗澡。"

内在还是外在

丹尼尔·平克(Daniel Pink)写过一本关于动机的书,名为《驱动力》(*Drive*),在书的开头部分,他讲述了心理学教授哈里·F. 哈洛(Harry F. Harlow)和他在威斯康星大学的两位同事于 1949 年进行的恒河猴实验。哈洛、他的妻子玛格丽特以及唐纳德·迈耶(Donald Meyer)想要深入了解灵长类动物的学习方式,于是他们做了一项让猴子解谜的实验。不过,三位行为科学家却意外收获了关于动机的道理。

当时,科学界将动机归因于内部动机或外部动机。他们认为内部动机来自对食物、水或性的欲望。外部动机来自奖励和惩罚。然而他们发现,实验中的猴子解谜仅仅是为了享受完成任务所带来的乐趣。

平克说，哈洛的结论在当时看来非常激进，他认为包括人类在内的灵长类动物的动机具有第三种驱动因素。完成任务能为其自身提供内在奖励："猴子之所以解谜，仅仅是因为它们发现这会带来强烈的满足感。"

我想，任何因为任务本身而喜欢完成任务的人（打高尔夫球，学习演奏歌曲，造瓶中船）都认可这一点。但是平克说，这些发现"应该改变世界，但事实上并没有什么改变"。就在这个发现出现的二十年后，另一位研究人员爱德华·德西（Edward Deci）做了后续实验，实验结果也许更令人惊讶。德西做了一系列衡量动机的实验。在实验中，德西让大学生来解决难题，他通过金钱奖励来激励一部分人，而其他人则没有金钱奖励。平克写道：

人类的动机似乎与大多数科学家和普通民众所相信的金科玉律背道而驰。不管是在办公室里还是在运动场上，我们以往熟知的一些因素比如奖励（尤其是实实在在的金钱）会提高人们的兴趣，提升业绩，推动人们前进。德西的研究，以及在此后不久进行的另外两项研究均证实，事实恰恰相反。他写道："一旦金钱被用作某项活动的外部奖励，受试者就会对活动本身失去内在兴趣。"奖励可以带来短期刺激，就像一罐咖啡可以让你兴奋几个小时。但是这种效果会逐渐减弱，而且更糟的是，这种效果会降低一个人对此项活动的长期动力……"若要培养并增强儿童、员工、学生等的内在动力和兴趣，不应该只专注于外部控制系统。"

平克继续叙述了其他的研究发现，这些发现均证明外部激励常常适得其反。他还讲了外部动机的"七个致命缺陷"。按照平克所说，外部的胡萝卜加棍棒会产生如下效果：

（1）消除内驱力。

（2）降低业绩能力。

（3）破坏创造力。

（4）排挤良好行为。

（5）鼓励作弊、走捷径和不道德行为。

（6）使人上瘾。

（7）养成短视思考习惯。

现在，回到在本章开始时我提到的问题。有人问我如何激励他人，我的回答是我并没有激励。我不会试图推动员工或拉他们一把。相反，我总是启发他们，帮助他们找到自己的动机。也就是说，我必须首先找到我自己的动机。希望别人做出什么行为，我就得首先带头做出这种行为规范。优秀的领导者要像启发自己那样启发他人。当他们发现了自己的内在动机之后，我就会鼓励他们把那一点星星之火努力造成燎原之势。最后，我才指导他们如何把自己的内在动机变成一种习惯。

若想此过程顺利，你需要了解自己团队的每一个成员。你必须与他们建立良好的关系，了解他们的想法，找出他们的兴趣所在。你甚至可能需要帮助他们更好地了解自己。要做到这一点，你可不能摆出一副公事公办毫无人情味的样子。启发他人首先得引起他们的注意，还得密切关注那些能启发他人的事。正如商务培训师多米尼克·安德斯（Dominique Anders）所说："对个人关注的需求至关重要。领导强制执行政策坐等收获成果的日子已经一去不复返了。对于试图交流、激励并鼓舞员工的领导来说，认识到每个团队成员之间的差异需要花费大量时间。"

优秀的领导者要像启发自己那样启发他人。

成为领导者的七个动机

丹尼尔·平克指出了三个促人奋进的内在动机。我从自己数十年与人打交道的经历里总结出了七个内在动机，其中三个与平克提出的相同。如果你与下属领导者一起工作，逐渐认识他们，我相信你一定会在与你共事的每个人身上观察到一个或多个"火花"。你要做的就是找到火花，为其添薪加柴。你若这样做，他们不仅会加倍努力工作，还会更聪明地工作，因为他们的工作与自己的动机相一致。

1. 目标——领导者要做内心真正想做的事

到目前为止，我在人们的身上看到的最强烈的动机是目标。人们只要发现值得为之奋斗的事业，就会欣欣雀跃。一旦有了目的，生活便不再是迫不得已，而是满心期待。他们活着是为了内心充盈的事业而非外表光鲜的职业。

不幸的是，许多人没有目标。他们活着不是为了远大目标。若他们认为没有什么是真正好的、正确的、值得为之奋斗和牺牲的，那么生命就会变得毫无意义，剩下的只有一片贫瘠和荒芜。他们会丧失毅力，缺乏积极向上的自我意识。无论他们怎么做，做什么，他们都不会感觉良好，也不会提升自我价值。然而，一旦他们稍微有一点目标感，一切都会发生改变。

大约十年前，我读了佩吉·诺南（Peggy Noonan）的专栏，讲述的是 1962 年在白宫里克莱尔·布斯·卢斯（Clare Boothe Luce）和约翰·F. 肯尼迪（John F. Kennedy）之间的一段对话。

卢斯告诉他……"一位伟人就是一句话。"只需一句名垂青史的语句就可以概括伟人的功绩，你不必听到名字就知道大家说的是谁。说到"他维护联邦，解放黑人奴隶"，或是"他带领我们走出经济大萧条，打赢世界大战"，无须别人告诉你，你就知道说的是"林肯"或"罗斯福"。

她想知道肯尼迪会因哪句名言而流芳百世。她告诉他要集中精力，去弄明白他那个时代的重大主题和重大需求，并专注于此。

读到这段文字，我被触动了。我立即问自己："我的那句话是什么呢？"你是否和我有同样的感觉？我努力审视自己，我的人生名言是：我为领导者增值，领导者又为他人增值。我想成为变革的催化剂，帮助领导者改变，让他们去改变他们周围的世界。

你的那句人生名言是什么呢？你需要好好思考一番，因为如果你知道自己的目标，努力为之奋斗，那么你就能更好地帮助其他领导者找到目标。

如果你在确定目标时需要帮助，抑或是你正准备帮助其他人找到目标，请看以下问题。任何人都可以从这几个问题开始找到目标。

· 天赋：你擅长做什么？

· 意愿：你想做什么？

· 认可：别人认为你什么做得好？

· 结果：你做什么会得到丰厚的回报？

· 成长：你做什么可以越做越好？

回答这些问题可能需要花点时间。其实不必回答得很详尽，每个问题只需用一个句子、短语或几个单词作答即可。

现在，看看你的答案。如果五个答案一致，那么你可能已经找到自己的目的了。这就是我想表达的意思。如果你擅长的与你想做的不一致，那么你尚未发现自己的目标。如果你自认为擅长的与别人认为你擅长的不一致，那么你对自己能力的认知可能不准确。你想做却又做不好的事，可能也不是你的目标。只有当你的才干、意愿、认知和成长相辅相成，并得到他人的肯定和认可时，你从事的才是你天生该做的事情。否则，你还需要继续寻找。

作为要培养领导者的领导者，你的责任是引导他们完成自我提问，帮助他们如实回答。与约翰·麦克斯韦尔公司企业部合作的一些领导者和培训师告诉我，他们从与自己合作的领导者身上发现的最大问题就是没有清晰的自我认识。许多高管，甚至一些顶层高管，对自己并没有清晰的认识。他们不知道自己身上有哪些优点，又有哪些缺点。结果，他们找不到目标。

如果每个人都知道自己来到世界上的目的，知道自己该做什么，就不需要任何人的激励了。你的目标每天都会自然而然地激励着你前行。甚至帮助你有所作为，大展宏图。乔治·华盛顿·卡佛（George Washington Carver）曾说："任何人都没有权利进出这个世界却丝毫不留下属于自己的独特痕迹，也没有权利毫无理由地来这世上走一遭。"知道自己的目标，才能对世界产生积极影响。

2. 自主——领导者希望自由掌控自己的人生

多年来，我有幸与世界各地许多直销机构的人交流。他们异常热情，我非常喜欢和他们交谈。不同的销售对象和销售地区的产品可能有所不同，他们生活和工作的国家 / 地区的文化可能很独特。不过，他们都有一个共同点。那就是他们都热爱自由——选择业务发展路径的自由，决定自己的工作方式的自由，挖掘个人潜力的自由。我敢说我访问某个国家，如果那里的人民过去很少享受自由，那么一旦他们有机会体验某种程度的独立自主，他们肯定会毫不犹豫地抓住机会。最终，他们都会变得更加快乐且高效。

回顾美国历史，你就能看到自由的力量。比如，历史学家约瑟夫·P.库伦（Joseph P. Cullen）这样写道：

1607 年，英国人在詹姆斯敦（Jamestown）建立了定居点。当时，殖民地的运作遵循公共制度，一切都建立在共同所有权之上。头几年，大约一半的社区管理者都是绅士，他们通常选择不工作。

后来，约翰·史密斯（John Smith）当上了管理委员会主席。他注意到《帖撒罗尼迦后书》（*II Thessalonians*）第三章第十节的内容，并依此制定了一条规则："除非疾病，否则不工作的人就不能吃饭。"从此，生产力骤然飙升。后来，托马斯·戴尔爵士（Sir Thomas Dale）接管了委员会并定下规矩，个人可以获得几英亩土地用于私人种植。从当时的日记中可以看出："以前我们三十个人劳作所收获的庄稼，还不如现在三四个为自己劳作的人所收获得多。"

看出来了吗？如果一切都统一分配，人们没有自由，不能自己做决定，那么他们就会丧失努力工作的动机，有些人不得不被迫工作。然而，一旦人们拥有自主权，自己努力就会获得回报，生产率就提高了近十倍。

丹尼尔·平克在《驱动力》中探讨了自主权的能量。他引述了康奈尔大学对 320 家小型企业的研究，其中一半企业赋予员工开展工作的自主权，另一半则是采用自上而下的方式指导员工工作。你可能猜得到哪个小组表现更好。而且，赋予自主权的企业其增长率是对照组企业的四倍，其营业额是对照组的三倍，真是令人惊叹，对吧？

我喜欢有选择的人生，而且我相信大多数人也是如此。我的领导风格从指导转变为提问的主要原因之一就是为了赋予团队成员更大的自主权。你要求员工分享自己的意见，给他们提供选择的空间，帮助他们找到适合自己的生产方式，他们会感到自己被重视，从而获得对自己人生的把控感。

3. 关系——领导者希望与他人合作

我生命中最大的乐趣之一就是与对我来说重要的人一起做重要的事。因为团队合作或与他人协作可以提高效率。的确，在我的《与人共赢》（*Winning With People*）一书中，我谈到了伙伴关系原则，该原则指出合作促进共赢，我还要补充一点，合作会增加工作乐趣。

伙伴关系原则：合作促进共赢。

我无法想象不与人合作的生活是什么样的，团队合作确实能使梦想成真。良好的人际关系常常激励着我，我相信它也激励着大多数与我共事的人。我经常给团队成员发信息，让他们知道我很感激他们，也提醒他们时时记得共同努力的宝贵价值。比如，我昨天给几位内部圈子的成员发了一条信息：

问：有什么比用你的天赋来帮助他人更好的事呢？

答：利用你的天赋与他人合作，这正是我们一直在做的！

片刻之后，他们回复道：

克里斯汀·科尔（Kristan Cole）：要是你发现自己身处孤岛，你得明白是自己亲手创造了它。

斯科特·派尔（Scott Pyle）：伟大的领导者为他人提供进步空间，以深刻且有意义的方式分享旅程，分担挑战。

艾琳·米勒（Erin Miller）：个人之间的竞争使我们更加快速地成长，但合作使我们更好。

特雷西·莫罗（Traci Morrow）：与所爱之人合作已属不易，用各自的天赋合作，相辅相成则更加珍贵。

作为他们的领导者，我希望自己能激励他们，但现实是他们激励着我！

我相信，一个人若将自己奉献给比自我更大的事业，真心相信它大有可为，就会彻底改变，若与自己的员工携起手来，共同努力，超越自我，产生更大的积极影响，这种转变就会达到全新的高度。

在人生的这场重要旅程中，与我同行的新朋友为我的灵魂注入了新的活力。他们贡献卓越，我几乎不记得没有他们的人生原本是什么样了。旅途中的其他人则是与我相识于微时的老朋友。他们是我心灵的慰藉。所有人像一个团队，一同朝着终点线奋斗。不过，对我来说这段共同旅程才是最大的乐趣所在。

4. 进步——领导者期望体验个人和专业的共同成长

在我还年轻的时候，作为领导者的我职业生涯刚刚起步，一位导师曾告诉我："用你的生命为某事而奋斗，为某事而奔波。"我觉得他之所以这样说是因为他看到我一直勤奋工作，常常不辞辛劳地连轴转。你想一想，车只有获得牵引力才能前进，而不是在原地转动车轮。什么是牵引力？不过是轨道加行动，轨道是我们计划沿着某个方向运行的路径，行动是我们为获取成果而做出的实际行为。老话说得好，即使我们处于正确的道路上，如果仅仅坐在那儿一动不动，照样会被碾压。清晰的道路和恰当的行动才能为我们提供牵引力，带领我们抵达心之向往的地方。

导师的话让我产生共鸣，我一直很享受成就感。多年以后，"优势识别器"问世了。我参加了这个测试，我发现我的前五个优势有三个是成就者、激活者和最大化者。这就解释了为什么我会自然而然地从进步中得到启发。然而，回到我的早年时代，有人告诉我："你不够优秀，不能止步不前。"我不记得这句话是在什么情况下说的，也许当时我正在大声吹嘘自己的成就。正是那一刻，这句话引起了我的注意。如今，每当谈到这件事，我都会自嘲一番，因为这句话讲的仍然是事实。

回顾自己的一生，我认识到我前进的关键是坚持不懈。我想进步，所以我有意识地学习，从不言弃。在职业生涯初期，我并没有得到任何突然大的成功。我不是全垒打选手，我的秘诀是每天起床打球，只是为了打好基础。我认为这是大多数人为实现梦想而应该做的。没有秘诀，没有魔术子弹，没有捷径。我们中的大多数人都永远无法取得巨大突破，无法彻底扭转一切。我们需要脚踏实地，一步一个脚印地从小事做起。多读书，参加研讨会，三人行必有我师，请老师教导我们，回答我们的问题。正如约翰·伍德曾经说过的，让每一天都成为你的绝唱。如果每日坚持如此，日复一日，年复一年，你的人生就会成为一部杰作。

5. 精通——领导者希望在工作中表现出色

对个人和职业发展的渴望往往会成为激励许多人的下一个动力源泉：对精通的渴望，如果不能持续发展，就做不到精通。持续成长并不能确保精通，但如果没有持续努力做到更好，就没有机会体验在工作中出色表现所带来的兴奋感。正如NBA教练兼总经理帕特·莱利（Pat Riley）所说："卓越是长期努力以求更佳的结果。"

> **卓越是长期努力以求更佳的结果。**
>
> ——帕特·莱利

当我开始职业生涯中第一个正式领导者角色时，我意识到如果我愿意的话，我可以不必付出太多努力就能过关。人们很自然会喜欢我，我擅长演讲，精力充沛，尤其在公开演讲场合，我更愿意即兴演说而不是用心准备。就在踏上这个岗位的几个月后，我就做出了决定，不走捷径，不偷工减料。即使有人建议我采取更轻松的方式，我也不会那样做。我会发掘对卓越的热情，不断努力提高自己的技艺。

追求精通实际上就是不断努力以求更佳。我们每个人都必须尽己所能，触及自己内心的欲望。我发现一个非常好的激发自己的方法，就是不断努力超越期望。以这种方式来满足对精通的渴望，就得从小事做起。我对卓越的渴望业已成为常态。每一天：

· 我对自己的期望比他人对我的期望更高，我会给自己设定标准。

· 我非常看重他人，不能不给他们最好的，我非常乐于助人。

· 我提醒自己，必须每天赢得他人尊重。人们可能会为你昨天的成绩而赋予你荣誉，不过他们只会因为你今天所做的事情而尊重你。

因此，我随时随地都会拼尽全力。

充分利用渴望精通这一动机，或者鼓励领导者在精通中找到自己的动力源泉，需要正确的思维方式，这是一种态度。漫画家比尔·沃特森（Bill Watterson）在他的经典漫画系列"卡尔文与霍布斯虎"（*Calvin and Hobbes*）中，用 6 岁的卡尔文的口吻写了下面的文字：

我们已经不再重视工匠精神了！我们看重的是冷酷无情的效率，我们否定自己的人性！如果不能欣赏优雅和美丽，它们将变得毫无乐趣可言！我们的人生将变得索然无味，不再绚丽多彩！如果技术和关怀成了奢侈品，人又如何为自己的工作感到自豪！我们不是机器！我们是人，我们需要工匠精神！

实际上，在这里，卡尔文是在为不向老师交论文而找借口，但是他的话表达了这样的思想，即追求精通就像提升工艺，需要投入时间和精力。

有一个故事讲的是美国商人到瑞士的一个小镇旅游。他走进一家商店，店里挂满了形状各异、大小不同的布谷鸟钟。在商店的里间，一位工匠正坐在长凳上专心致志地手工雕刻着一个精美的时钟外壳。看了一会儿，商人有点不耐烦了。他头脑里开始盘算各种数字，想到了许多批量生产时钟和销售时钟的方法。

他终于开口说："好伙计，你这样永远也做不了大生意。"

"先生，"钟表匠回答，"我没有做生意。我在做布谷鸟钟。"

如果你想在自己的专业上做得好，就需要摆正心态。每一个工作机会都是完善自己工艺的机会。这并不意味着你最终一定会达到完美，你所领导的员工也未必会达到完美，但是你仍然可以有意为之，为之奋斗。

几年前，我在加利福尼亚州纳帕谷的法国洗衣店餐厅（The French Laundry）吃晚餐。在那里用餐真是一次难忘的经历。这家餐厅被认为是世界上最好的餐厅之一，丝毫不出人意料，所有一切都无与伦比。这里的环境优美雅致，员工百里挑一，服务贴心热情，菜肴色味俱佳。晚餐后，我们有幸参观了酒窖和厨房。看到厨师们工作时不言不语，气定神闲，我们意识到自己面前是顶尖的厨师。正当我们准备离开的时候，我注意到墙上挂着一面大钟，所有员工都看得到。时钟下方的"紧迫感"三个字时刻提醒着他们。

没人能够完全精通，我们都有不足之处。但是，追求精通可以促使我们不断前进。挖掘这方面动机的人都知道，他们永远不会超越那条叫完美的终点线，但是他们仍然不懈努力，因为他们找到了追求卓越的成就感，这种愿望决定了他们终会成就非凡。

6. 认可——领导者希望他人赞赏自己的成就

多年前，心理学家亨利·H. 戈达德（Henry H. Goddard）对儿童的体能水平开展了一项研究，使用了一种被称为"肌力描记器"的仪器。他发现，当对疲倦的孩子进行表扬或称赞时，肌力描记器测量出孩子的体能瞬间激增。相反，当对孩子严厉地讲话或批评孩子时，肌力描记器显示他们的体能立即出现明显下降。

戈达德的研究揭示的真理不仅关于儿童，而且关于所有人，包括领导者。每个人都希望得到认可、称赞和欣赏。在你领导和激励他人时，请不要忘记这一点。肯定他们、赞扬他们的工作，让他们知道你欣赏他们的成就。

7. 金钱——领导者希望财务有保障

我想谈的最后一个动机是金钱。广播喜剧演员弗雷德·艾伦（Fred Allen）曾说："有很多事情比金钱更重要，但那些全都得花钱。"这是一句有趣的话，虽然金钱在许多人心中排在首位，但我却把它排在最末位。对我来说，这是所有激励因素中效果最低的一个，不过这也许是因为我从没为经济烦恼过。

我认为经济保障的确是一个值得追求的目标。金钱可以买到的最好的东西是财务自由。有了财务自由就有了选择的余地。但是，只有在你没有足够的钱去得到自己想要的东西时，金钱才是强大的动力。当你达到某种程度的财务目标之后，金钱能发挥的巨大作用也就停止了，它的吸引力就会随之降低——除非你再制定一个更高的目标。若你已实现财务目标，我建议你转而专注于给予。当你体验到给予的快乐和发展心态，你可以成为一条河流，而不是一个水库，能够用自己的财富来帮助他人，那么获取财富将仍然是一种强大的动力。

哪些动机是相互连接的

作为培养领导者的领导者，你的任务是找出这七个关键因素中与人产生共鸣的那个，帮助潜在领导者与关键因素之间建立起联系。我年轻时犯过一个错误，以为应该以自己希望被领导的方式来领导所有人，我用激励自己的方法来激励他人，这是错的。因为用同一种方法来领导每个人，就不是一个好领导。拥有管理心态的人可能会这样做，但这完全不起作用。好的领导者应该善于发现并激励每个人，因材施教地去领导。

让我们再回顾一下本章讲到的七个动机：

· 目标——领导者要做内心真正想做的事；
· 自主——领导者希望自由掌控自己的人生；
· 关系——领导者希望与人合作；
· 进步——领导者希望个人和专业的共同成长；

·精通——领导者希望在工作中表现出色；

·认可——领导者希望他人赞赏自己的成就；

·金钱——领导者希望财务有保障。

这些因素对你的激励有多大呢？给自己打分，每一项从 1 到 5 分（满分 5 分）。

我以此来评估自己，很明显，这七个因素都会激励我，我的每一项得分为 4 分或 5 分。关于这些动机，我有一些发现：积极进取的人往往在七个方面得分都很高。事实上，激励一个人的因素越多，保持动力的可能性就越大，有越多的理由前进，就越有机会继续前进，即使你面临困难。

在培养领导者时，你需要了解激励他们的动机有哪些，好好利用这些动机。首先专注于最能激发他们的因素，同时要在所有其他可能的方面激励他们，帮助他们发现目标，给他们尽可能多的自主权，与他们建立牢固的关系，并帮助他们与他人建立良好的关系，为他们提供成长的机会和资源，鼓励并激励他们精通自己的专业技能，称赞他们，在经济上奖励他们。

从动机到习惯

作为领导者，要激发员工的内在动机，但是研究人员发现，这样做也是有局限性的。为什么？因为这通常是由情感驱动的，从长远来看并不具有可持续性。《微习惯》（*Mini Habits*）的作者斯蒂芬·盖斯（Stephen Guise）这样说：

刚开始设定新目标时，你会很兴奋，动力十足。但是，随着时间的推移，进步趋于稳定，你的常规动机越来越弱，这是因为习惯了……

顶级运动员的秘诀不是他们"超级上进"……真正使精英与众不同的，是当他们无聊或疲倦时，还能保持训练强度，例行程序和时间安排表使他们保持最佳状态……

顶级运动员不会根据自己当前动机的强弱来制定训练日程表，这就是他们成功的原因。

我喜欢将动机视为冲刺的动力。问题在于，不管做什么事，包括自己做领导者或是培养领导者，要想取得成功，就得成为马拉松运动员。只有养成良好的习惯，才能不断向前，不断进步。

因此，继续前进，首先将你的员工与七种激励因素尽可能多地关联起来，让他们获得动力并保持前进，同时帮助他们为成功做好准备。多年来，我一直使用首字母缩略词 BEST 来做到这一点：

相信他们（Believe）。

鼓励他们（Encourage）。

向他们示范（Show）。

训练他们（Train）。

这个观点是为了帮助他们做正确的事，帮助他们成功，持续成功，直到习惯成自然，因为他们无法决定自己的未来，但可以决定自己的习惯，而习惯决定未来。如果你能帮助潜在领导者养成良好的习惯，在他们做正确的事情之后会感觉良好，而不是等到感觉良好之后再做正确的事情，帮他们养成不需要事先激励就能做出正确事情的习惯，而这种习惯后期会促使他们继续发展。他们做正确事情的次数越多，就越能发展出更多的技能，他们也就越享受工作带来的乐趣。正如作家约翰·鲁斯金（John Ruskin）所说："热爱的事与擅长的事恰好一致，就会做出杰作。"

> 人们无法决定自己的未来，但可以决定自己的习惯，而习惯决定未来。

动力源泉

我曾全心培养一位领导者，她的名字叫特蕾西·莫罗（Traci Morrow），她是"海滩美体"（Beachbody）团队独立商业培训师，屡获殊荣。在我们见面的前几年她就读过我写的书，她自学成才，后来成了领导者。最近，她成为约翰·麦克斯韦尔团队认证的培训师、讲师和教练。特蕾西还是我的非营利机构约翰·麦克斯韦尔领导力基金会的董事会成员。我听别人讲过特蕾西的故事，对她有了更多的了解。这是关于自我激励和成功习惯的生动的一课。

特蕾西在非常重视教育的家庭中长大，父亲是家族中第一个大学生，毕业后成了数学老师。后来他攻读研究生，获得了教育博士学位。特蕾西高中毕业后去上大学，想学习平面设计，因为她很有艺术天分，但是令她非常失望的是，她发现自己必须修完许多门通识教育课程才能进入专业学习。

特蕾西从不喜欢学校的学术教育。她开玩笑说，这总是妨碍她的社交生活。而且，她得先在大学里待满两年之后，才能开始学习设计，这令她非常沮丧。一个学期结束后，她便退学了。她以为父亲会大发雷霆或失望透顶，但值得高兴的是，父亲却告诉她学校并非适合所有人，父亲知道她从初中开始就给朋友们剪头发，于是鼓励她去上美容学校，争取获得执业资格。她做到了。

她后来嫁给了 KC，她的一生挚爱。不久后，她怀上了他俩的第一个孩子。为了静心养胎，她不再剪发，在丈夫工作的地方找到一份办公室经理的兼职工作，但她的梦想是开一家美发店。她知道那意味着自己要当老板，所以她希望在开办企业之前就在这方面有所进步。她开始收集各种信息，阅读相关书籍来为此做准备。有人建议她听我的领导力录音带，就这样，她了解到我的课。

时间来到五年之后。特蕾西和 KC 已经有了三个孩子，他们的第四个孩子即将出世。怀孕期间，特蕾西患上了妊娠糖尿病，医生叮嘱她要格外小心。如果在她生下孩子后，体重还是无法得到有效控制，很可能会患上 II 型糖尿病。

女儿出生后，特蕾西超重了 15 磅[1]。现在，如果你像我这样的

1　1 磅约等于 0.454 千克。

体形，听到这样的消息，你会想，真希望自己仅超重 15 磅！但是特蕾西身材娇小，身高只有 157 厘米，超重可能会直接威胁到她的健康，于是她决心减肥。这促使她做出了改变人生的决定。

她以前喜欢跑步和踢足球，不过从来不喜欢上健身房。一天，她在电视上看到一则广告，广告推销的是 Power 90（一个基于 VHS 的锻炼程序），价格是七十美元。对于一个有四个孩子的单一收入家庭来说，这是一笔不小的数目，但是特蕾西决定要减肥。她问 KC，如果购买了这个项目，他是否也愿意与她一起锻炼，他说愿意。

在接下来的三个月里，特蕾西每天早晨都会播放录像带，坚持锻炼。每天晚上 KC 下班后也一起锻炼。

"我们把那些 VHS 录像带都磨坏了，"特蕾西说，"我们每天播放两次，一共 90 天，这样就播放了 180 次。"

90 天结束时，特蕾西减去了所有多余的体重，她感觉好极了，又在想，下一步干什么？她看到录像带盒背面印着精美的宣传语，上面有一个网址，那是 20 世纪 90 年代后期出现的新鲜事物，她在电脑里输入这个网址，跳出来一场比赛，这个比赛邀请人们发送锻炼前后的对比照片，还有机会赢得去夏威夷的免费旅行，可以在那里参加下一个项目的拍摄。

"我们在锻炼之前拍了照片，我们想，这没什么坏处吧。"于是，他们发送了自己的照片，结果，他们真的赢了！特蕾西说，她一直在寻找机会，但一直没找到。她和 KC 去了夏威夷，享受了假期，参加了拍摄。他们见到了视频中带领大家锻炼的那个人——托尼·霍顿（Tony Horton）以及海滩美体首席执行官卡尔·戴克勒（Carl Daikeler）。大家相见恨晚，立即打成了一片。

后来发现，海滩美体的总部距离特蕾西居住的地方只有35英里，于是她开始与他们合作。她做过托尼的助理，每年协助组织几次健身营，参与接待还有一些现场工作。托尼上电视购物网（QVC），她也来帮忙，拍摄新的DVD节目，她来当健身模特。无论要她做什么，她都乐在其中。

我问特蕾西这是为什么。"我只是觉得我应该继续展现自己，为大家服务，"特蕾西说，"他们一开始甚至没有付给我报酬，但是我感觉那里有我的未来，我相信那是上天呼唤我去做的事。"事实证明，这一切都与她的目的相符。

特蕾西乐于助人，包括帮助使用海滩美体产品（如P90X）的人，这与她的人际关系天赋密切相关。大多数时候，她就像一个上班族妈妈那样与客户交谈。她花大把的时间回答留言板上的问题，甚至被安排主持旅行频道上的电视节目《负责任的健康》，做了52集。

她很满足这种工作方式，在这个过程中她不断成长、学习，并与他人建立了良好的关系。这与她的目标很相符。但后来，2006年，卡尔向她投掷了一记弧线球，想将海滩美体变成像雅芳（Avon）或安利（Amway）那样的多层直销企业，他希望特蕾西进入第一批教练团。

"我不愿那样做，"特蕾西说，"我感觉不太好。但是卡尔说我代表了这种文化，我在公司网站上每周举行的两次谈话会，就是他想要设定的基调，在我仍然拒绝的时候他终于说：'给我一年时间，如果你不喜欢，我会再把你请回来。'我很不情愿地答应了。"

最终，让她下定决心的是卡尔鼓励她做自己的事情，特蕾西非常认真地对待她的相对自由的权利。在最初的发布会上，有41人被邀请成为海滩美体的教练。尽管其他大多数人都读过有关网络营销的所有知识，也集中精力招募人员扩展市场，但特蕾西还是从《360度全方位领导力》(The 360-Degree Leader)入手，通过领导力的吸引招兵买马，她关注的重点依旧是帮助他人。

特蕾西很快就成了海滩美体历史上最成功的教练之一。她是15星超级明星钻石教练，由于在组织中的表现出类拔萃，她获得了海滩美体教练的几乎所有奖项，她精通专业技巧。不用说，卡尔不需要再请她回来当普通雇员。尽管我从未问过她，但我确信她过得非常好。

读了特蕾西的人生，我敢保证你一定注意到了，七个动机中的每一个都发挥了作用：目标、自主、关系、进步、精通、认可和金钱。她主要是持续受到目标和关系的激励，她也养成了良好的习惯。她仍然每天坚持锻炼，也会花时间陪伴家人（她现在有六个孩子了，她和KC另收养了两个孩子）。而且她每天都在帮助他人。这就是她热爱的事，也是她的核心目标，无论是向教练提供成为优质海滩美体教练所需的培训课程，还是与以减肥为唯一目标的新客户一起工作。她经常与人交谈，了解他们对成功的看法，用心倾听，激励他们，与他们一起取得成功。

这正是一位好的领导者应该做的，你也可以做到。

第五章

装备领导者

训练他们出色地完成工作

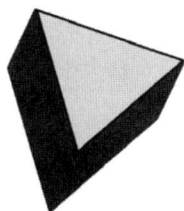

识别、吸引、理解和激励领导者的方法对于培养领导者来说至关重要，但这才刚刚开始，只有优秀的领导者才能一步步走到这里。然而，遗憾的是，许多领导者做到这一步就停止不前了，这是不对的，只有在装备阶段才会使价值倍增。这正是领导者最大回报的开始。为什么呢？因为只有当你开始把领导者装备起来，帮助他们出色地完成工作，你才能将影响力、时间、精力、资源、想法等效果叠加起来。

指出他人的弱点、批评他人很容易。相比而言，超越当前现实看到他人的潜力要难得多。解雇员工很容易，装备员工却很难，没有哪位伟大的领导者可以靠开除员工赢得好名声。如果你想成为更高层次的领导者，那么用培训和装备他们来树立好榜样吧。正是由于我专注于这一点，我才能一改往日的低迷，实现领导力的倍增。

作为领导者，邀请别人加入你的团队与你一同前行是一回事，为他们装备上前行的路线图却是另一回事。优秀的领导者会为团队成员的前进提供各种方法和手段，还会帮助团队成员提高能力。南加州大学教授摩根·麦考尔（Morgan McCall）表示："适者生存与最好的生存不一样。千万别放任领导力自我发展，这样做是很愚蠢的。"这就是为什么你需要积极主动地去培养领导者，太多的领导者用自己的个人魅力来吸引潜在领导者，而团队成员各自为政，自由竞赛，像一盘散沙。领导者需要讲究策略，要装备团队成员并赋予他们权力，给他们定位、指导，教会他们如何再去培养更多的领导者，这样才能不断叠加好的成果，为领导者带来最大的回报，这类似于复利的力量。

我从意识到装备可以对我的团队成员、组织，甚至我自己的领导力产生积极影响的那一刻起，就转变了自己的工作重心，我决定成为装备型领导者的时候，我的领导力得到了巨大的提升，我现在仍然在这样做，也喜欢这样做。

> **适者生存与最好的生存不一样。千万别放任领导力自我发展，这样做是很愚蠢的。**
>
> ——摩根·麦考尔

我的装备之旅

在我的第一个领导职位上，我依靠个人魅力和辛勤工作来推动组织向前发展，拥有很多追随者。那时候，几乎所有事我都亲力亲为。我年轻力壮充满活力，在担任该职位的三年里，一直保持这种水平。可是当我转到另一个组织时，我之前所做的一切全都四分五裂了。从那时起，我意识到领导者的作用不是要吸引更多的追随者，而是要培养更多的领导者。

于是，我开始努力装备我的员工。那是 1974 年，我第二次担任领导职务。我很了解而且特别欣赏《圣经》。在《新约》中，"装备"一词出现了十五次，其中讲到装备的关键点在于，领导者有责任提供完善的装备给为他们服务的人，这里的意思是要帮助员工做好充分准备，帮助他们高效地完成工作。于是，我照做了，很快我就意识到，正如俗话所说的那样，众人拾柴火焰高。

> **领导者的作用不是吸引更多的追随者，而是培养更多的领导者。**

当时，我提出了五步装备计划：示范、指导、督促、激励、复制。

这是我第一次尝试装备员工，非常有效，因为我装备的员工减轻了我的负担。然而，当我回顾这段日子，很明显，我为装备员工承担了太多责任，过多地专注于教导。"我"太多了，而"我们"却太少了。

1981 年，我移居到圣地亚哥，担任第三个组织的领导职务，这是一座十二年来止步不前的教堂。我知道我需要立即专注于装备领导者，我重新审视了自己的装备模式，稍作了修改。我用缩写的 IDEA 来构建装备模式：

在现实环境中指导（Instruction）。

在现实环境中示范（Demonstration）。

在现实环境中广泛接触（Exposure）。

在现实环境中承担责任（Accountability）。

这样做的意义何在？对我而言意义非凡。以前，我一般在教室里装备他人，现在，大多都发生在实际的工作场景中，我还引入了承担责任的概念。如果你没有像一位真正的领导者那样取得成果，真正成熟，那装备又有什么意义呢？

多年来，这个模式一直运行良好。不过到了 1990 年，我意识到它缺少某些东西，我装备他人确实帮我减轻了领导的负担，但是如果我装备并授权予他人，不仅可以领导他们，他们还可以继续培养其他领导者，那么结果将成倍增加。

拥有更多装备精良的领导者意味着我们能够用我们所拥有的东西来完成更多的工作，意味着我们可以启动新的举措，有很多人可以一起来解决问题，克服困难。不仅如此，我还发现，装备领导者可以让我投入更多的时间给那些为我和我的组织带来最高回报的领域，我逐渐认识到"努力让自己脱离工作"的重要（我将在本章的后面部分对此展开讨论）。

我开始创建一种新的装备模式，它不仅是我要教给别人的东西，还是组织中的每个领导者都能理解、实践和教导给其他人的。以下是我的结论：

我这么做。

我和你一起做。

你和我一起做。

你这么做。

你这么做，别人和你一起做。

可以看出，在此过程中，最开始的主角是领导者，但到了第三步，焦点从我转移到了你，更重要的是，最后一步包含了倍增的部分。当接受训练的领导者出去，找到另一个领导者来训练自己，那么组织发展就会从加法转变为乘法。而且，如果每位受过训练的领导者都遵循这种发展模式，那么乘积因子就永不会停止。所有新领导者都知道，在找到自己要培训的人之前，他们一直需要努力。从 1997 年到 2016 年，我们把这种模式应用于我的非营利机构 EQUIP，那些年，EQUIP 为世界各国培养了 500 万名领导者。

像装备型领导者一样思考

我希望帮你建立装备型领导者的心态，这样就能为更多潜在领导者腾出发展空间，并给你保持领导者最佳位置的机会，为你和你的组织带来最高回报。拥有装备者的心态意味着什么？

我认为这类似于为员工攀登珠穆朗玛峰做好准备。首先，你必须评估潜在领导者的水平。他们是胖得变形的沙发土豆，还是身材适中但缺乏经验，抑或是经验丰富，但身体状况不佳？他们是否拥有丰富的经验和健康的身体，但还需要做好准备进入下一个水平，作为领导者，你需要充分了解。

你必须合理评估攀登高峰所需的设备，条件是什么？你从自己的攀爬中学到了什么经验？哪些地方有危险？哪些地方是陷阱？人们需要知道哪些你已知道的事情？你如何帮助他们像登山者一样思考呢？你可以教他们如何望着山峰，事先评估应如何征服它吗？因为作为装备型领导者，仅带着他们上山下山而不被冻死是不够的。最终你需要让他们学会如何爬山，并获得引导别人上山的技能，并教别人你教给他们的一切。

我们将在第九章中更深入地讨论如何复制领导者，但是，请记住这一点：你的目标始终是装备他们，让他们学会如何做好工作，当好领导者，并养成装备型领导者的思维。他们每天都应该寻找下一位潜在领导者，带他们进入自己的领导力发展过程中。

装备要点

多年来，我发现人们工作失败的主要原因有三个，即缺乏完成这项工作的能力或动机，没有经过适当的培训，不知道自己应该干什么。好消息是，装备可以解决这三个问题中的两个。

我回顾了多年来我装备潜在领导者用到的所有方法，我相信如果你专注于以下六大基本实践，就能够取得成功。

1. 成为榜样

你可能已经注意到，我经常强调树立正确榜样的重要性。为什么？这是因为如果你不发展自己的领导力，你将永远没有信誉或足够的技能去提升他人。我还有一个缩写的词能够帮助你——LEAD。以下是你需要问你自己的问题：

Learning（学习）："我在学什么？"

Experiencing（经历）:"我正在经历什么？"

Applying（应用）:"我要应用什么？"

Developing（培养）:"我在培养谁？"

把自我培养放在第一位，是因为你不能给予别人自己没有的东西。教别人做自己从未做过的事不是真的装备，而是高高在上的颐指气使。如果你自己去学习，亲自体验自我应用之后，再去培养他人，就不是指手画脚，而是真正的领导。

我喜欢战略家兼作家史蒂夫·奥伦斯基（Steve Olenski）在《福布斯》上发表的一篇文章：

当员工看到自己的个人领导力和专业领导力不断发展，就会明白人才培养过程的价值所在。通过对这种行为进行建模，领导者可以在员工中建立起信誉，赢得信任，从而更有效地鼓励员工参与人才培养活动。向员工表明，人才培养是组织文化的一部分。它传达出这样的信息，组织里的每个人都是组织持续改进过程中的一分子。这是由内而外的培育过程，重要且必需。

> **教别人做自己从未做过的事不是真的装备，而是高高在上的颐指气使。**

你是否常常看到一些领导者抱有"照我说的做，而非照我做的做"的态度？老板在工作场所的影响力与父母在家里的影响力同样有效。人们看到什么就照做什么。

我的四个组织为美国大大小小的公司以及世界各国各行业开展人才培训，学员来自包括政府、非营利组织、教育机构、企业、宗教组织、军队等。判断培训课程是否成功的首要因素是高层领导是否参与其中。如果他们表明学习是他们的重中之重，充分参与培训过程，那么培训一定成功。如果他们不参与，则员工就会感觉到培训并不重要。这就造成了可信度差别。

领导力教练迈克尔·麦金尼（Michael McKinney）在他的播客中对此进行了评论。他告诉领导者："如果这对你来说很重要，那么这对他们来说就很重要。经常听到这样的声音：'如果这很重要，那么他们为什么不参加？'若没有领导层鲜明的支持，培训效果不会很好。领导者需要明确表示：'这很重要——非常重要。在你这样做之前，我早就做过了。而且，我正在实践它，现在我希望且期望你也这样做。这就是为什么我在这里。'"最重要的是，领导者为自己设定的标准体现了领导者的素质。如果领导者在可塑性、培训和成长方面的标准很低，那么他们的员工对自己的要求也不会很高。

2. 聚集你身边的潜在领导者

自 1974 年以来，我实践过的所有装备模式都有一个共同点："亲近原则"。我将人们带到我身边来，装备他们，投资他们。距离太远是做不了的。潜在领导者离你越近，与你的互动就越多，他们从互动中学到的也就越多。

亲近原则的奇妙之处在于，任何人都可以实践。不需要任何装备经验或培训经验，不必是高层领导，不需要正式的领导职位。入门只有一个秘诀：永远不要单打独斗。我知道这听起来可能太简单了，其实这非常奏效。

领导者与他人交谈时说到的最重要的词是"跟我来"。当我要求人们加入我并保持近距离接触时，他们可以直观地看到我的行动，从中学习。他们能够理解我在做什么以及为什么要这样做。可以一起分享经验，可以提出问题。渐渐地，他们也会开始"获得"领导力。

我的两家非营利机构 EQUIP 以及约翰·麦克斯韦尔基金会致力于装备世界各国的领导者。为此我们采取的策略是圆桌会议。我们的组织通过把六到八个有学习意愿的人聚集起来培训领导者，他们坐在一起，一起学习、讨论，一起分享，提出问题，相互依赖，每个人对自己的行为负责。这样做的关键是提高亲近度。圆桌会议可以提供最合适的环境，因为许多圆桌会议都在工作场所举行，而且受过培训的领导者对圆桌会议中的这一小群人有一定的影响力。我们坚持认为，这些领导者应在自己的弱势及成长方式、方面保持开放态度，勇于面对自己的弱点。我们可以看到学员不知不觉间的变化，不仅在工作上，而且在他们生活中的其他领域，都会越来越好。

无论你有多忙，无论领导环境有多么苛刻，只有肯花时间在潜在领导者身上，让潜在领导者靠近你，才能有效地为他们装备技能。没有什么可以替代有意为之的亲近。

你需要问自己：你愿意将自己的人生倾注于他人身上吗？这将需要时间、承诺和牺牲。通常对于某项工作而言，自己亲自做比训练别人做要容易得多。但这种想法是短期的。你现在投资的时间成本将会加倍回报给你，只要精干的领导者在组织中与你一同工作，为你效力。

3. 正确提问

说到问题，有效的装备始于向潜在领导者提出正确问题。否则你怎么知道你的装备工作需要向什么方向发展？如果不提出问题，你可能会发现自己在错误的时间，以错误的原因，教错误的人做错误的事情。

我读过一个故事，讲的是杰克·韦尔奇（Jack Welch）在担任通用电气首席执行官期间，在参加第一期课程之前，他曾经向即将参加高管发展课程的学员发送了一份备忘录，在备忘录中，他指示学员思考一系列问题，希望他们在会议上讨论。他是这么写的：

如果明天你被任命为通用电器的首席执行官：

·在最开始的三十天内，你会做什么？

·你目前有"愿景"吗？

·你将如何开发一个愿景？

·描述愿景中的最佳时刻。

·你将如何"推销"这个愿景？

·为此，你需要什么建设基础？

·你会摒弃目前的哪些做法？

在培训班中，仅仅听取参与者对这些问题的答案，韦尔奇就可以知道谁是最有潜力的领导者。

你要问潜在领导者什么样的挑战性问题呢？你是否在挑战他们思考和解决问题的能力？他们的答案会揭示很多问题。通常，那些能够在有压力的情况下正常思考，解决问题并适当交流的人，具有良好的领导潜能——不是所有人，而是大多数人。有时候，你会发现某个人善于思考和表达，但执行力较弱。有时候，你会发现某个人善于思考，执行力很强，却不善于与人交流。无论如何，请提出问题，当你把他们聚集在一起，如果你只是下命令，那么你得到的就只有执行命令的人。那不是你真正想要的，你需要的是领导者。

4. 鼓励潜在领导者边做边学

我了解到，在医院急诊室里，护士中流传着这样一句话："一边看，一边做，一边教。"换句话说，新护士跟随有经验的老护士，观察老护士怎么做，然后跟着做同样的事，再转身教给别人。医疗机构的工作节奏很快，护士得立即投入工作，练习新技能，再把技能继续传下去。没有什么事情比自己、亲自动手更能巩固学习了，一旦人们参与进来，他们的能力就会迅速得以提高。

相关研究也支持这一观点。工业心理学家罗伯特·艾辛格（Robert Eichinger）、迈克尔·伦巴多（Michael Lombardo）和摩根·麦考尔在 20 世纪 90 年代开发了他们所谓的 70/20/10 学习发展模型，它说 70% 的时间，学习和发展发生在现实生活和工作经验、任务和解决问题的背景下；20% 来自他人的正式或非正式反馈、指导或讲授；只有 10% 来自正规的培训。如果你想培养人，要与他们保持亲近关系，亲自指导他们，放手让他们做事，开阔他们的眼界，从而让他们获得动手经验，促使他们成长。

很多时候，领导不愿安排缺乏经验的潜在领导者去完成工作，因为他们担心工作做不好。但是，我对此的答案是选择适当的时间和方式去传递经验。从不太重要的任务开始，尤其是当他们还是新手的时候，让他们慢慢积累经验，再去应对更困难的挑战。当他们能够担负起更重要的职责时，也要经常与他们保持联系，了解他们的表现，回答他们的问题，并给予鼓励。随着他们的经验越来越丰富，你与他们的联系也要相应减少。作为领导者，我最擅长的领域之一就是沟通，而且我经常找机会帮助员工学习沟通。要做到这一点，我不能自己讲个不停，因为讲话并不是在装备，倾听也不意味着学习。人们是在做的过程中学习，边做边学。看看我会用哪些不同的方式来帮助年轻的领导者学会沟通的吧：

· "爱玛，我希望你在下周四晚上做五分钟的演讲。"在这种情况下，我告诉艾玛要做什么，我在下命令。

· "爱玛，把五分钟的演讲稿写下来，然后反复练习。"我添加了一些具体的说明来帮助她，但我仍然只是单纯在教。

· "爱玛，我们一起讨论这个项目。然后，你把演讲稿写出来，反复练习，再试讲给我听。"我在与爱玛互动，但由她来完成工作，积累经验。

·"爱玛，我们一起讨论这个项目。你把演讲稿写出来，反复练习，再向我试讲。然后，你在周四晚上为现场观众演讲，稍后我会给你反馈意见。"现在，我为她带来了最大限度的经验。她自己完成了所有工作，但我为她的成功演讲做好了准备，给她提供了前瞻性指导，在过程中进行辅导，与现场观众进行实际交流，让她获得宝贵经验，最后给出反馈意见。

你需要选择合适的训练场所，但是在实际操作时，请记住以下两点：让他们边做边学，并且你需要与他们保持亲密联系以指导他们一路前进。

5. 为他们设定装备目标

在装备过程中的特定时刻，你需要为潜在领导者设定目标。你可以在他们刚加入装备过程时设定目标，也可以在培养过程中设定目标，或者在培养过程中对他们有了更好的了解之后，再暂停下来设定目标。你需要设定目标，因为这些目标将成为他们前行的路线图。设定目标时，请遵循以下准则。

确保为每个人量身定制目标

通过提问，你已经对将要装备的人有了一定的了解。有些事情需要或希望团队中的某个人来完成。再者，你可能会对这个人的潜力有一种直觉。将这三方面的情况放在一起综合考虑，再制定目标，然后问问自己和团队："这些目标是否适合你？"

确保目标是可实现的

没有比无法实现目标更令人沮丧的了。这样的话，目标就设置失败了。你需要让潜在领导者走上成功之路。我喜欢 AMAX（阿玛克斯）前董事会主席伊恩·麦格雷戈（Ian MacGregor）所说的话："我的工作原理与驯马一样。你得从低围栏开始，轻轻松松就能达到的目标，然后再一点点加高。在管理中，很重要的一点是永远不要要求人们去实现他们无法接受的目标。"让他们从小处着手，逐步提高自己的水平，帮助他们取得胜利。

确保实现目标能够提升能力

潜在领导者需要从小处做起，并不意味着他们就应该一直只做小事。理想情况下，提出的每个目标都应要求他们不仅达到目标，还要实现自我成长。随着一个个目标成功实现，他们应该能够走得更远，发展得更高。当他们完成你设定的所有目标时，他们回顾来时的路，将惊讶地看到自己所取得的进步和所经历的成长。

确保目标可量化

仅仅说"我想变得更好"或"我想成为领导者"是不够的。这些只是单纯的美好愿望，是方向，不是目标。你为潜在领导者确定的每个目标都必须是具体的，这样你就可以清楚地回答这个问题："你实现目标了吗？"

目标明确且书面记录

最后，请潜在领导者以书面形式写下自己的目标。这样，目标就变得很具体了，潜在领导者也会变得更可靠。

制订游戏计划可以为潜在领导者提供前进的线路图。如果领导者是新来的并且开发过程才刚刚开始，请经常检查以讨论他或她如何实现他们的目标。领导者的经验越丰富，长期过程的装备就越多，直到它更多地转变为指导关系，我们将在第九章讨论。

6. 消除障碍以实现增长

装备难题的最后一步是清除潜在领导者成长和前进道路上的障碍。有时候，这意味着给他们提供工具或所需的资源；有时候，这意味着把他们介绍给那些可以帮助他们的人——在组织内外。不管哪种情况，这始终意味着创造一个让人蓬勃发展的环境。

作为组织的领导者，我认为自己是"开盖人"。我希望看到人们充分发挥自己的潜力。为了促进成长，我必须确保没有阻挡他们上升的盖子。史蒂夫·奥伦斯基曾说：

许多组织内部结构复杂，办事流程僵化，实施一些跨职能的开发，促进动态增长和高绩效的培训可能会变得很困难。领导者需要弥合孤岛，推倒隔墙，并设计一个系统，鼓励以流畅的方式学习和工作。当今一代的员工习惯于接受改变，享受开放的工作环境，要让他们能够不断探索。消除障碍，就能看到员工蓬勃发展。

如果你是团队或组织中的领导者，需要承担起责任，为自己培养的人消除障碍。不要未经授权就赋予他们责任。不要不给他们资源就给他们布置任务。不要一边说希望他们成长，一边却告诉他们确切的工作方法。不要一边对他们说他们是组织最有价值的资产，一边却不欣赏感激他们。装备他们，帮助他们成长，然后放手让他们去干。

被装备的领导者变成为人装备的领导者

在我的组织中，由于有意的战略装备，经历了一段不可思议的增长之旅的领导者之一是查德·约翰逊（Chad Johnson）。他的成长经历令人不可思议。他目前担任约翰·麦克斯韦尔公司的办公室主任。他的领导力发展之旅始于 2002 年，那时他是现任首席执行官马克·科尔的助手，当时马克负责我公司的实习项目。

从小到大，查德的数学一直很好。他就读于肯塔基州的阿斯伯里大学，喜欢打篮球，主修会计学，并于 2000 年获得学位。毕业后，他在一家私人税务公司工作，薪水丰厚。当他在弗吉尼亚州约克镇的海军武器站工作时，突然有一天他开始重新思考自己的职业道路。那时，他正在基地的冻肉冷柜里，数着一块块的肉和奶酪，他想，这真的是我想要的生活吗？

不久之后，一个朋友告诉他，我的公司正在招实习生。查德从未听说过我，也没听说过我的公司，但他最终还是提出了实习申请。他被录取了，随后搬到了亚特兰大，离开了那份安稳舒适的工作，而去当实习生，用他的话说，"工资少得可怜"。

在接下来的几周以及几个月中，查德所经历的一切改变了他的人生。马克招募了五名实习生，他是其中之一。每周马克都会把这五个人聚集在一起，一起学习，或读一本书，或分享经验，例如绳索课程，做评估或向专家学习。马克要求查德及其他人每人写一份详细的成长计划，制定自己人生中每个领域的成长目标。然后把这五名实习生"借给"公司的每个部门，从销售到运营再到执行。查德说："我们从煮咖啡到组织会议，什么都干。"

查德最难忘的经历之一是帮助启动了联播节目。这个节目最终转变为今天的 Live2Lead 联播。当时，查德每天都要不停地给领导者打电话，试图说服他们主办一次联播秀。"我们根本就没有资格与这些高层领导者说话。"查德说，"但是我们还是硬着头皮打电话。我们的座右铭是'一天 40 个电话'。我们希望能与 10 到 15 位领导者通上话。"对他来说，这次能力拓展的经历很棒。

查德和其他实习生一起工作了一年。他们刚开始实习时，马克告诉他们只有一个人可以被聘为全职员工。实习期结束时，他们五个人全部被聘用。查德还成为另一项名为"催化剂"（Catalyst）项目的第一位全职员工，他和团队把这个项目发展成为一年一度的大型活动，参加人数超过 1300 名。他在催化剂工作了十年，监督了催化剂的文化发展，后来位居销售总监。

重新评估发展方向

2013 年，查德刚 30 岁出头，他觉得有必要改变一下。他友好地离开了催化剂，决定给自己放两个月假，重新评估自己的职业生涯和个人生活。他去见了自己人生中几位重要的领导，向他们提问，去缅因州做了一次长途旅行，花了很长时间思考，完成了为期两天的人生计划会议，他强烈地意识到最重要的是自己与谁一起工作，这一点甚至比自己做什么工作还要重要。而且他知道他想与之共事的是改变自己一生的那个人：马克·科尔。

查德给马克打了个电话，问他是否有职位空缺。那时只有一个职位虚位以待：我的公益组织 EQUIP 的营销职位，薪水很低。

查德只说了一句："我来。"

马克很高兴有机会再次与查德共事。查德很擅长与人合作——不要被会计学位给迷惑了。根据 RightPath 的个人测试资料，他是"调和者"，也就意味着他具有高超的交际能力。他还十分有魅力，总是愿意尽自己所能实现组织的愿景。

我记得，几年前，当马克告诉我更多关于查德的消息时，我意识到，凭借他十年的领导经验，我们需要给他安排一个更好的职位。马克太忙了，我一直在为他寻找一名办公室主任。于是，我们创造了这个岗位，一周后，马克将这个岗位给了查德。查德欣然接受了，后来他在领导和培养员工方面一直表现得非常出色。

马克继续培养查德，我问他目前学到了什么，他立即说出了四件事：

·合作的价值。马克允许查德在越来越多的情况下代表他和我。

·沟通要简明扼要。查德正在提高他的沟通能力。

·领导前先倾听和学习。查德说，他正在学习，在自己被要求去领导某件事时，需要拟订计划，做好准备，倾听和学习就是做准备的一部分。

·重视领导力胜过被爱戴。查德称自己是天生讨人喜欢的人。他目前正在学习如何与人们进行困难的对话来帮助他们成长。

在最后一个方面，查德取得了梦幻般的胜利，帮助队伍中的一员成功摆脱困境。这个人有一些盲点，如果不处理好的话，很可能他的专业都会受到极大影响。他似乎不知道在职业环境中分享个人事物的界限在哪里，时常会情绪爆发，这显然非常不合适。他没能很好地代表公司，触及了底线。查德在与他一起工作的时候，指导他进行自我发现，使用书籍和一对一辅导等对他进行了培训。"基本上，我当实习生时，从马克那儿学到的有关人才培养的所有知识都用上了。"马克和我对查德的表现非常满意，最近我们一直在让他与我们更加紧密地合作，以促进他进一步发展，提高他的领导能力。

努力让自己脱离工作

我认为所有领导者的最终目标应该都是让自己摆脱工作。我一直给人提出这个建议。装备他人来代替你工作。这就是我一生中最想做的事情。我总是四处寻找，问："谁能做我现在手里的事情？"对于你的所有工作，几乎都有人可以取而代之。

我发现，"自我替换"规则有两个例外。如果你的领导要求你亲自履行某些职责，则不能将其委派给他人。例如，当我任圣地亚哥一家教堂的首席牧师时，聘请我的董事会表示，我有四项职责不能转移给其他任何人：

- 我必须对教会负责；
- 我必须领导员工；
- 我必须成为众人的好榜样；
- 我必须做主要的沟通工作。

因此，我始终确保自己履行了这些职责。

第二个不能训练他人代替的是你具备高超天赋的领域。体育界有句老话："上天没给你，强干也不行。"这意味着天赋是上天赋予的，有些事情不是通过训练就能弥补的。我得说，我最大的天赋就是沟通交流。的确，我在这个领域已经工作了五十多年，不过我的某些能力却是天生的，对此我无可否认。但这也使我很难找到能够取代自己的作为沟通者的人。我可以装备他人，但只有他们自身的天赋才会带着他们越走越远。

让自己脱离工作是装备他人的最终胜利，我建议你继续努力。尝试在尽量多的专业领域传递接力棒。为此，请做好以下三件事：

1. 自我脱离工作很重要

我曾经很难把工作交给别人。多年来，我总是忍不住要亲自做事，而不是把工作转交给他人。一段时间后，我手里的工作特别多，甚至忽略了回报最高的任务。你可别落入那个陷阱。

首先问自己："我现在手里的事有哪些是别人能做的？"回答这个问题之后再问："我应该装备谁？"确定这个人选之后，与之促膝而坐，分享你的游戏计划。然后开始训练他 / 她。你得让团队其他成员知道你在干什么。有两件事值得注意：让他们接受由另外一个人担任此角色，做好心理准备；给他们树立榜样，就装备过程形成固定模式，其他人也遵循这样的发展模式。

此时，你还不能完全放松。你仍需把脱离工作作为优先事项，你得不断问自己："我为什么要做这件事？"如果你的答案是你没有装备其他人来做，那么现在请开始装备他人。你应该只做自己最擅长的事，才能给团队或组织带来最大的回报。对于组织中潜在领导者而言，其他所有事情都应该是锻炼的机会。

2. 培养人才比自己爬上高位更重要

大多数领导者把精力放在保住自己的职位或爬到自己想要的职位上。他们的重点在于自己。然而，讽刺的是，越关注自己的权力，结果常常失去权力。职位高低并不能决定这个人是不是领导者，是领导者创造了职位。帮助他人发挥潜力是发挥自身潜力的重要途径。培养和装备领导者可以使你成为更好的领导者，也更有能力做大做强。

> **职位高低并不能决定这个人是不是领导者，是领导者创造了职位。**

3. 传承比安稳更重要

太多担任领导职务的人都一心寻求安稳。但是领导者绝不是牢牢抓住权力不放，而是关乎向前进。这就是为什么我从前告诉自己的员工："让自己从工作中摆脱出来，我会再给你一份工作。"我希望他们真正理解这句老话："一支蜡烛点燃另一支蜡烛，不会有任何损失。"不，不仅如此。我希望他们知道，一支蜡烛通过点燃另一支蜡烛会收获更耀眼的光芒！

我在本章前面提到，1981年，我接管了一所十二年都没有发展起来的教会，担任领导职务。那是我在领导力方面遇到的一次重大挑战。我立即看出来担任领导职务的人丝毫没有装备其他领导者的意愿。要改变这种状况，我就要改变组织文化。

我做的第一件事就是装备董事会成员。我想让他们知道如何领导，如何装备他人。我做的第二件事是让董事会成员的服务期改为三年。每年董事会的三分之一成员将终止任期，由新成员代替。

在每个人的三年任期内，我都倾注大量的心血装备他们，让他们自己去领导，自己去复制。在他们为董事会服务的最后一年，我要求他们将重点放在挑选和装备自己的继任者方面。

结果非常棒。几年后，我们董事会年度的重点是最后一次会议，届时即将卸任的领导者将引荐并介绍其继任者。环顾四周，我们知道我们的领导力发展势头迅猛。此外，人们离开董事会时，开始寻找其他机会去领导和服务，而装备领导者已成为许多人的生活方式。几年之内，数百名领导者共同提升了教会，成长成为常态。

作为领导者，如果你从事务工作中脱身出来，你总会得到另一份工作。成功并不是来自保护你所拥有的东西。它来自装备别人来取代你，这样你就可以转向更宏大更重要的事。若你成为装备型领导者，并教会潜在领导者如何做好自己的工作，那么每个人都会得到提升。

Chapter 6

第六章

赋权领导者
帮助他们发挥最大潜能

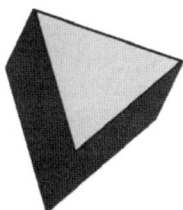

作为领导者，你能做到的最有影响力的事之一，就是亲自培养领导者帮助他们，激发出他们的全部潜能。如果你看过盖洛普有关员工离职的统计数据，你就会发现，如今大多数人在工作中都没能发挥出自身的潜能。究其缘由，是因为他们觉得自己从事的工作并不适合自己，自己的优势没有得到充分发挥，对工作提不起兴趣。赋权予人则能够改变这一现象。而且，如果你赋权的对象是领导者，还将产生多重效应，因为给每一位下级领导者赋予权力，都可以帮助他们再次赋权给他们自己所领导的团队成员，从而激发出更大的潜能。

我坚信，赋予他人权力具有重要意义。看到他人发挥自己的潜能，我特别高兴。不过，我刚走上领导岗位的那段日子，经历过一些不愉快的事，差一点葬送了我的领导前程。曾经有一名员工，他天资聪慧，深得我心。我全心全意地栽培他，放手让他去带领团队。可是后来，他却辜负了我的信任。

我只得让他离开，自己也心如刀绞。回顾我们一起工作的那段日子，我觉得他既是我的徒弟，也是我的朋友。让我最难过的是，自己花了大量心血来培养这位潜力非凡的年轻人，希望他能在整个机构中发挥重要作用，可到头来却失去了一切。我所有的时间、精力和希望，都没了。

对于这次用人失败，我认为是由自己领导决策失误导致的。

我非常难过，决定与自己团队中的每个人都保持距离。我害怕再次赋权予人。不管是在情感上，还是在专业技能上，我都不再对他人全部付出。我从热衷于赋权的领导者，变成脱离团队的雇主。

我这样萎靡不振的状态大约持续了六个月之久，我的领导力也不那么有效了。没有领导者赋予的东风，员工很难起飞翱翔。那几个月过得异常艰难。好在我最终醒悟了，意识到相比于赋权给错误的人，切断自己与团队成员的关系更错得离谱。这么多年来，我发现想要培养出一名合格的领导者，需要一点一点地试错。必须反复试验，不断摸索。这都没关系，因为不赋权的弊端远大于给人机会可能导致的损失。

> **没有领导者赋予的东风，员工很难起飞翱翔。**

为什么有些领导者不愿意赋权他人

庆幸的是，我挺过了这段艰难的日子，开始重新融入员工，赋权予他们。我认为，如果不赋予他人权力，无论哪个领导者，都不可能最大限度地激发员工的才能。然而，很遗憾的是，太多的领导者并没有这么做，让我们来看看都有哪些原因吧。

没时间。许多领导者忙于应付任务，早已感到压力巨大，因此他们没能退后一步，想想用什么方式来完成任务。他们从不考虑如何让员工担任更高职位，发挥更大作用，也不知道怎样去释放员工的潜力，他们没有认识到，人们若被赋予权力，拥有某个领域的支配权，就会加倍努力，发挥出更强大的创新力。紧急的暴政迫使领导者目光短浅，疲于奔命。

不信任他人。一些领导者很难相信别人，对他人缺乏信心。他们担心别人做事达不到自己的要求，害怕失望。然而现实情况是，如果你全部亲力亲为，或必须亲自指导他人的每一项行动，那么你就干不了太多事。

"我最能干"心态。这与不信任他人非常相似，只是多了一层意思，觉得他人不能像自己一样完成工作任务，这种思维可能源于骄傲自满，抑或是你确实天赋异禀，才高八斗，其他人根本无法达到你的标准。如果这项工作本该由你独立完成，不需要团队合作，那么正如我在第五章中讨论的那样，请继续保持这种状态。但是，如果不是这样，并且其他人也许可以做到你的80%，那么你应该努力培养他们，提高他们的能力。

单纯喜欢独自完成任务。我们每个人都有自己喜欢做却不该继续做的事。同样，如果没硬性要求你必须独立完成，而且这件事可以为你的组织带来更高的回报，那么你应该赋权给其他人来做。

找不到可以赋权的人。一些领导者很难找到合适的人，没法赋予他们权力。如果你有类似的经历，我希望本书的前两章对你有所帮助，那部分讲的是如何识别和吸引领导者。有时候，找不到对的人的另一个原因是对他人缺乏信任。你赋权得越多，就越善于赋权，也就会对赋权越有信心。如果你不喜欢寻求他人帮助，请仔细想想自己的远大理想，然后邀请他人与你一同为实现理想而努力奋斗。有时，这样做更容易找到信心。

一朝被蛇咬，十年怕井绳。如果我的员工辜负了我，我也会这样。我赋权予他却最终失败，努力付之东流，我就不愿意再次赋权了。不过后来我认识到，要想自己领导得更有效，就不得不承担一定的风险，再次赋权予人。

对赋权无知或无能。有些领导者根本没有意识到赋权予人、释放员工潜能的重要性。或者他们根本就不知道该怎么赋权。如果你是这种情况，本章会对你有帮助。

如果你忽略了赋权予人，尤其忘了赋权给与你紧密合作的下级领导者，我希望你尽量改变自己的领导方式。如前几章所述，如果你花了大力气去识别领导者，吸引领导者，然后理解他们，激励他们，并装备他们，这样的开局非常好。但是，如果你不能继续采取下一步的行动，就像伯乐寻千里马，寻找到了纯种赛马，你买下它，训练它以备赛，却从不让它离开马厩，踏上赛道。那真是白白浪费天赋！赛马天生爱比赛，它们渴望奔跑，这就是它们生来就该做的事。优秀的领导者像赛马一样，也想做自己生来就该做的事。他们渴望被赋权去实际领导。

赋权领导者的三个关键点

赋权予人的能力从何而来？这种能力主要基于赢得尊重、建立关系以及提供赋权环境。被尊重是有能力和有良好品格的结果，关系是建立在关怀和信任的基础之上的。如果你提供鼓励赋权的工作环境，下级领导者就会充分发挥自己的潜力。让我们一起来看看这三个关键点是如何发挥作用的。

1. 尊重：通过取得成功来赢得信誉

什么是赋权？赋权是指赋予他人权力或权威。赋予下级领导者权力将增强他们做计划、勤思考、个人成长、解决问题以及实际行动的能力。你赋予他们的是取得更大成功的能力。言外之意，就是你真的考虑过赋权这件事。你不能赋予别人自己没有的东西。也就是说，你必须足够有权力才能赋予他人权力。这种权力源于信誉。只有自己首先取得过成功，具有一定影响力，你才拥有信誉。

我认为信誉源于外在成功和内在成功两个方面。你的个人职业生涯中取得的成功是外在成功，会引得他人的关注。人们可能会因为你的个人能力而钦佩你。人们不自觉地被你吸引，是因为他们希望自己也取得成功。他们可能希望与你合作，希望学习到获得成功的方法，或是自己"感染上"你的某些能力。你自己的专业信誉对他们产生了影响力。

若你把自己领导得好，内在成功就会随之而来。内在成功来自优良品格，来自你做出的正确而非简单的决定，也来自坚持不懈的个人成长，而不是被生活牵着鼻子走，随波逐流。外在的职业成功是自身工作能力给你带来的信誉，而个人成长点燃内在成功，使你内心充实，因此你才能从自我内涵中发展出赋予他人的力量。

在我的领导生涯早期，我发现自己缺乏信誉，因为我尚未获得任何外在职业成功。正因如此，我了解到赋权与授权之间是有区别的。我没有权力。我唯一拥有的只有头衔和职位。那确实给了我一些权威，但这种影响力是最低的。员工只会根据我被授予的权力而被动接受我的领导。这就意味着我只能在有限的权限内安排工作。因此，我利用自己的职位委派任务给那些能助我一臂之力的人。接着，我开始装备员工。

早些时候并没有赋权。但是，我越努力，获得的经验和成功就越多，赢得的信誉也越多。与此同时，我努力通过自我成长和高度自律，取得了内在成功。如今，在这些领域工作了五十年之后，我的经验更加丰富，指导别人也更得心应手。现在，我的主要工作就是赋权予人。

近年来，我赋予权力的人很多，其中一人叫阿什利·沃尔德里奇（Ashley Wooldridge）。他是一位杰出的领导者，影响了数以千计的人。他曾经对我说过："你从未对我承诺要填补我的领导力短板，你只是把自己的领导力向我倾囊相授。每次我们见面，你都会就某些主题、某些情景或我所面临的问题所需要的知识对我知无不言、言无不尽。我一直感觉自己得到了你的全部智慧。我知道某些领导对于提出建议'有所保留'，仿佛他们必须把自己最珍贵的东西保护好，不愿意被别人知道。可是你从未这样做。每次你倾囊相授，我的领导力空缺就被填得满满的。"这真是最棒的赞美。的确，我毫无保留。如果分享我过去的失败经验能为他赢取胜利铺平道路，那么我觉得这是在为他增值。

如果你通过成功获得信誉，你就已经处于为人赋权的位置了。如果没有，那么从现在开始朝着这个方向努力吧。与创造内在成功的内心作斗争吧，继续为事业的成功而努力，自己赢得权力才能释放能量。

2. 人际关系：要有足够的安全感把你的权力交出去

如果你想与人保持长期的职业关系并且能够赋权予人，就必须受人尊重，被人喜欢。如果与你一起工作的人尊重你却不喜欢你，那么他们只会留在你身边直到找到自己既尊重又喜欢的领导者为止。另外，如果他们喜欢你却不尊重你，他们会成为你的朋友，但不会追随你。只有当两者缺一不可，齐头并进，你才会拥有赋权的权威。为此，你需要有足够的安全来给他人权力。

> 要有足够的安全感把你的权力交出去。

《领导力21法则》中的赋权法则这样写道："有安全感的领导者才会赋权予人。"作为领导者，我可以用两种态度对待与我一起工作的人，可以展示自己的能力，给他们留下深刻的印象；或者赋权予他人，帮助他们做到他们自己能做的事情。我做不到鱼和熊掌同时兼得。如果你被你的不安全感控制，你就不能赋予人们权力。这是因为没有安全感的领导者希望一切以自己为中心，他们希望自己是不可或缺的，他们在情感上喜欢这种被需要的感觉。他们将一切事物都变成与自己相关，而他们做的所有事情都为了保留自己的权力而不是释放权力。

作者鲍勃·伯格（Bob Burg）和约翰·大卫·曼（John David Mann）在他们的书 *It's Not About You* 中分享了没有安全感的领导

者的一则新闻：

> 你不是他们的梦想，你只是管理这些梦想的管家。领导者常常弄反了，认为自己不仅拥有最好的，还觉得自己就是最好的……一旦你开始认为一切都与自己相关，你说了才算，从这一刻起，你就逐渐失去了正面影响他人生命的能力。

这一刻，你还失去赋权予人的能力。

重视关系的有安全感的领导者首先考虑的是他人。他们不会将自己从全局中抽身而出，只是扮演一个不太醒目的角色。他们帮助其他人变得更突出，因为他们知道那些"其他人"才是组织取得整体成功的关键，有安全感的领导者明白这个道理。他们也不必每次都赢，他们希望他人获胜，因为他们深深懂得怎样带领团队和组织获胜。

最伟大的领导者不一定是做了最伟大事情的人，而是那些赋权予人，甘心让他人去干大事的人。为此，领导者必须心甘情愿地放弃舞台的中心位置，他们必须放弃被人需要的自我需求。相反，他们必须为成功授权的人们欢呼，而不是觉得自己的成功感到了威胁，他们必须帮助他人获得胜利，衷心祝贺他们成功。那才是有安全感的懂得人际关系的领导者所为。

> **最伟大的领导者不一定是做了最伟大事情的人，而是那些赋权予人，甘心让他人去干大事的人。**

3. 环境：创造被赋权领导者顺利成长的场所

如果你已经获得了成功所带来的力量、权威以及信誉，并且你足够有安全感，愿意激发他人的能量，那么你已经处于赋权的良好位置。然而，你一定要明白，这并不能确保他们一定能达到你的预期，充分发挥出自己的领导潜能。在这种情况下，你还能做什么？你得创建一个可以赋予领导者权力的环境。

作为领导者，你可以帮助人们提升、成长、发挥自身潜能。如果你在一个重视和促进授权的组织中担任领导者，那么你会发现创建这种环境相对容易，因为这已经是组织文化的一部分了。但是，如果你的组织没有这种积极的文化氛围，你仍然可以在自己团队中努力促进赋权，为员工创造提升的空间。

下面，我们看看赋权环境的七个特征，请记录你的组织或团队符合其中的哪些特征，思考如何在你的领导范围内提升这七个特征：

（1）赋权型环境接纳人的潜能

大多数人生活的主要限制是他们对自己的期望很低，没有意识到自己拥有很多可能性，优秀的领导者会带着他们走向他们的无限可能。

我第一次去位于阿肯色州本顿维尔（Bentonville）的沃尔玛总部演讲。当我走进一个大会议室时，我从门口读到了这些话："跨过这几扇门的普通人从此走上了成就非凡的道路。"正是这种心态促进了赋权环境的发展。

在第四章中，我介绍了特蕾西·莫罗的故事。最近，她给我寄来一封信，感谢我赋予她权力。她写道："你一直都很珍视我，我亲身感受了额头上被你贴 10 分的感觉（在听说你多年来一直教人们这样做之后）。我可能并不总能做到 10 分，但是你从来都像我得满分那样对待我。这激励着我不断提升、思考、行动，朝着这个数字不断靠近。我感到被信任、被装备，早已超越了自己的天花板。作为回报，我也想为那些我有幸指导的人做同样的事。"

特蕾西理解到了赋权环境有助于释放能力，她也努力为自己指导的人创造那种环境。虽然大多数优秀的领导者都专注于提高自身的潜力，但赋权同样可以提升员工的潜能。领导者希望他们不仅做好还能超越自我。他们的这种想法与亨利·福特正好背道而驰。亨利·福特总是抱怨："我真正想要的只是一双手，为什么得到的总是整个人？"

赋权远比训练双手完成工作要宏大得多。赋权是为了鼓励整个人振作起来，变得更强壮。人的本领不同，天赋各异，等着被显露、被发现、被释放。医学传教士艾伯特·史威哲（Albert Schweitzer）说："我们的灯熄灭了，在与伙伴同甘共苦，风雨同舟后，生命之火会被重新点燃。因此，我们每个人都对那些点燃我们内心之火的人抱有深切的感激之情。"你可以帮助人们发现自己内心的火花，要求他们展示出最好的一面，诚心相信他们能做到最好。

（2）赋权型环境给人自由

为了帮助他们一飞冲天，首先必须让他们自由飞翔。如何帮助他们自由飞翔呢？那就得减少不必要的规则，杜绝官僚主义。

20世纪90年代，诺德斯特龙（Nordstrom）商店给予员工自由去帮助他人，从此声名远播。据报道，他们的座右铭是："在所有情况下都要运用自己的良好判断力。除此之外，没有规则。"这就是为什么诺德斯特龙的客户服务做得那么出色。

我曾经听过这样一句话："在拆除围栏之前，请先问一下为什么那里会修围栏。"所有领导者都希望扩大自己的领地。他们周围是否有"围栏"，哪些围栏曾经有用而现在却阻碍发展呢？这些围栏是什么？有没有可以撤销的限制？是否可以取消那些曾经有效如今却无用的项目？是否可以废除那些不适用的流程？有些政策是不是使人退缩而不是赋予他们前进的能力？领导者需要除掉那些使人们退缩不前的"死项目""死程序"或"死政策"。正如彼得·德鲁克所说，"尸体停留的时间越长，就越臭"。

领导者创造赋权环境，使员工能够自由思考，以自己的方式去尝试，去分享自己的想法。这是培养领导者的最佳方法之一。重视赋权的组织需要有创新精神的领导者，而不是克隆人。每一位会赋权的领导者都懂得这样的道理，如果不对员工施加限制，那么团队未来的发展就不会有任何限制。

（3）赋权型环境鼓励协作

赋权型环境不只是促进合作，更是愉快地合作。赋权型环境鼓励协作，协作是指同心协力，积极进取。我所知的最具协作性的环境之一是皮克斯公司。这家动画工作室由艾德·卡特姆（Ed Catmull）经营多年。在他的《创新公司：皮克斯的启示》

（*Creativity, Inc*）一书中，描述了皮克斯内部每个部门的主导思想都是赋权予人及鼓励协作。他这样讲述自己的思维方式："如果我们的态度是不同观点相互叠加而非相互竞争，那么我们就会更高效，因为我们的想法或决定会受到这种语言的磨砺和锻造。"

鼓励团队成员之间以及员工与领导之间相互协作，可以有效地减少人际关系的孤岛，化解地盘之争，促进创造力，建立一个更加积极向上的赋权型环境。

> 如果我们的态度是不同观点相互叠加而非相互竞争，那么我们就会更高效，因为我们的想法或决定会受到这种语言的磨砺和锻造。
>
> ——艾德·卡特姆

（4）赋权型环境欢迎责任担当

给予领导者行动的自由，却忽视了让他们对自己的行为负责，可能会造成混乱，权威和责任担当需要自始至终携手并进。正如领导力作家肯·布兰查德（Ken Blanchard）写的："赋权意味着你有行动的自由，同时意味着你要对结果负责。"

当我们给予领导者自由时，我们需要让他们知道他们应该对结果负责，应该保持前后一致。有些人认为，信誉一旦被展示出来，就可以轻松拥有，这是不对的，始终如一的竞争力来自每一天的每一件事。每位领导者都必须承认，没有人能够不用负责，勇于担当才能产生更好的结果。

（5）赋权型环境给人所有权

领导责任很重要，追究责任促使他们承担责任。然而，还有一种更高水平的承诺：所有权。当你授权给他们某项工作、项目或任务时，他们会尽其所能地来完成任务。他们一心想着取得好的结果，从早上起床到晚上睡觉都在一刻不停地想着这事。即使没人提出要求，他们也会挑灯夜战，做到极致，他们会在没有被要求的情况下加倍努力，他们真真切切地感到所有权那沉甸甸的分量。

如何衡量你所赋权的领导者的参与程度？你怎么知道人们什么时候已经上升到这样的承诺水平呢？若你不再想知道他们在做什么，也不担心他们是否能够完成任务，就达到了。你晚上会睡得很香，因为你知道拥有这份工作的领导者会为此失眠。

（6）赋权型环境重视服务精神

在我的所有组织中，有一个非常受重视的价值观就是服务精神。我希望与我共事的每个人都能为我们的客户服务，同事之间互相服务，我对自己也抱有同样的期望。

几年前，位于亚特兰大的杰克逊·斯伯丁（Jackson Spalding）传播营销机构的联合创始人格伦·杰克逊（Glen Jackson）在约翰·麦克斯韦尔公司向所有员工作了一次领导力报告。他谈到作为公司创始人，自己是如何为公司服务的。他的见解非常深刻，后来我请他在我的每月提升项目"行政圈子"中分享他的观点。他谈到了高级领导者（在他的案例中就是指组织创始人）何时应

为组织服务，他用棒球打比方来教我们，他说，当组织的分数是
两击三球时，他就该介入了。如果你不懂棒球，那么我来解释给
你听，击球手打到两击三球时，即为三好球两坏球，也称为满球。
在这种情况下，下一个投球是决胜球，将决定他是上一垒（四好
球），还是三振出局（三坏球）；是打到球继续比赛，还是失了球
回到候补席。

　　如果格伦的组织处于危急关头（他们称之为两击三球），那
么格伦很乐意介入进来帮助团队。否则，他更愿意赋权给员工，
让他们做决定。这次学习经历真是令人难以忘怀。此后，我与我
的首席执行官马克·科尔坐下来，细细讨论了两击三球如何适用
于我俩以及我们的公司。结论是，由马克确定计数是否到了两击
三球的关键时刻，然后他再请我帮助。因为他全心投入在组织的
日常领导工作中，而我的任务是为他服务。

（7）赋权型环境奖励生产

　　你知道哪些事总是能完成吗？任何得到奖励的事。在当今
的社会文化中，每个人都会因为勇于尝试而获得一座奖杯，这个
概念有时可能会被遗失。创造赋权型环境的领导者可以保护并
奖励生产者。重视每个人、表扬努力总是好的，也是对的。但
是，奖赏必须给予实际生产者。正如英国前首相温斯顿·丘吉尔
（Winston Churchill）所说："仅仅尽全力是不够的。有时，我们必
须按照要求去做。"当奖励颁给生产力强的人时，他们就会感到自
己被赋权了。

如何运用 10—80—10 法则来赋权领导者

我开发了许多很好的赋权方法，其中最好的方法之一是我称为"10—80—10"的原则。这个原则能帮助员工为成功做好准备，促进他们发挥出更高水平，确保他们以胜利的姿势冲过终点。这种方法真的很有价值，因为习得领导力就像游泳一样，它不能通过阅读来学习，领导者需要通过实践成为领导者。

> 习得领导力就像游泳一样，它不能通过阅读来学习，领导者需要通过实践成为领导者。

前百分之十

你可能已经听说过结果，还一切都好，这是威廉·莎士比亚（William Shakespeare）的一部戏的标题。就像四百多年前剧作家创造的许多谚语一样，这句话里蕴含真理。但我也相信，良好的开端就是成功的一半，作为一个经验丰富的领导者，我应该帮助与我共事的领导者们开个好头，以便他们有机会取得最好的结果。我是怎么做到的呢？我首先做了以下五件事：

1. 讲清楚目标

在一个项目开始时，我会讲清楚工作要点，以便领导者知道完成这项任务需要做哪些工作：

·愿景——项目的大脑，明确哪些事必须做。

·使命——项目的心脏，说明为什么必须做。

·价值——项目的灵魂，指出必须拥有哪些精神。

有一件事我是不会讲的，那就是必须如何完成这项任务。这应该由实际执行者来决定。我非常相信乔治·S.帕顿（George S. Patton）将军的建议，他说："切勿教人做事。只需告诉他们该做什么，他们的聪明才智准会让你大吃一惊。"我希望明确我的期望，但我更希望其他人运用自己的聪明才智来实现我的期望。

> **切勿教人做事。只需告诉他们该做什么，他们的聪明才智会让你大吃一惊。**
>
> ——乔治·S.帕顿

2. 用提问的方式来帮助他们做计划

没有什么比提问更能促进思考了。关于这个话题，我写了一整本书《提问：卓越领导人问伟大的问题》。在这里我就不多说了，但是最起码，我想强调项目初期我会问领导者的几个问题：

·"本项目的潜力是什么？"这个问题让我知道上升空间在哪里，也让我更好地了解这位领导者认为项目成功实施能带来哪些好处。

·"潜在的问题有哪些？"这个问题让我了解不利因素，并深入了解领导者的经验、观点及其思考过程。

·"你有什么问题？"我想尽可能多地向领导者提供他或她需要的信息和建议。

·"要我怎么帮助你？"我希望领导者知道我支持他们。另外，这个问题还能帮我了解到这位领导者有多么想依靠我，他或她希望拥有多大的自主权。

不同的任务可能需要再问别的问题，但是你明白这个道理了。这样做的目的是帮助领导者做好准备，夺取胜利。

3. 提供资源

如果人们缺少完成任务所需的资源，就不要期望他们会成功。作为领导者，我得确保向他们提供他们需要的资源。他们需要多几个员工吗？他们需要额外的资金吗？他们需要我帮助联系导师吗？我需要把自己的经验分享给他们，尽力帮助他们。

4. 给予鼓励

我信任他人，作为领导者，我的目标是帮助他们相信自己。我给予他们鼓励，表达我对他们的信任，帮助他们摆脱自我怀疑，不是问"我办得到吗？"而是问"我该怎么办？"我提醒人们看到自己的优势，看到自己已经取得的成就。这会给他们力量，让他们相信我对他们的信任，给予他们取得成功的信心。

5. 放手让他们获得所有权

一旦我相信自己已经为领导者做好了成功的准备，我就会放手让他们去干。我鼓励他们掌握主动权，我非常喜欢作家吉姆·柯林斯的观点。他在 *How the Mighty Fall* 中写道：

错的人和对的人之间有一个明显的区别，前者认为自己得到了一份"工作"，而后者则认为自己拥有了"责任"。每个身居要职的人都应该能够回答这个问题："你是做什么的？"这里讲的不是某个职务头衔，而是一份个人责任声明。"我对 x 和 y 负有最终责任。"

我希望领导者都将自己视为负有最终责任的人。

当然，有很多不同的方法可以放手让人迎接挑战。"组织效能中心"创造了一个释放人员的渐进过程，基于知道自己该做什么、做事的意愿以及必要的资金的基础上。考虑到这三个变量，他们确定了从最低级到最高级的六个赋权级别。

第 1 级：研究、汇报。我来决定做什么（最低级赋权）。

第 2 级：研究，汇报多种方案的优缺点以及你自己的建议。

第 3 级：研究，向我汇报你的计划，在我同意之后，你再去执行。

第 4 级：研究，向我汇报你的计划，去执行，除非我不同意。

第 5 级：采取行动，向我汇报你完成了什么。

第 6 级：采取行动，无须进一步汇报（最高级赋权）。

这个分级有点机械，但是它传达出了一种观点，即不同领导者的独立程度可能不同。理想情况下，你想从第 4 级开始吸引和装备领导者，指导他们成为第 5 级或第 6 级领导者。

中间的 80%，领导者在这里发挥潜能

领导力专家沃伦·本尼斯（Warren Bennis）曾说："领导力是将理想变为现实的能力。"这正是被赋权的领导者所做的，他们是如何做到的呢？以下是我的发现：

1. 被赋权的领导者会增添更多、更好的想法

诗人詹姆斯·罗素·洛厄尔（James Russell Lowell）说："创造力不在于发现一个新事物，而是在发现之后创造出一些东西。"最优秀的领导者会采纳某个想法并加以补充，他们会鼓励团队成员增加新的想法。当你为下级领导者赋权，放手让他们去干，他们会展现出非凡的创造力和创新，会产生更好的结果。

2. 被赋权的领导者会抓住一切机遇

有句老话说得好："永远不要失去商机，如果你找不到商机，你的竞争对手就会找到它。"你要做的是为领导者提供机会，让他们发光。他们要做的是抓住这些机会，好好利用。他们以这种方式提升组织的愿景，证明自己是合格的领导者。你不希望他们为

了争夺机会而浪费精力，你希望他们能充分利用机会努力奋斗，来提升自己。

3. 被赋权的领导者会充分发挥自身影响力

优秀的领导者用影响力而非权力来做事。他们抛出愿景、建立关系、为人服务、帮助他人提高效率，必要时为他人制造挑战和机会。他们要说服别人，而不是给对方施加压力。如果他们要求你发声用你的影响力来帮助他们完成一件事，那就去做吧。支持他们的努力，但要让他们成为办成事的人。

4. 被赋权的领导者会促进团队成功

优秀的领导者不会自己扛下所有繁重的工作。那不是领导者。相反，他们会花大量时间提供便利，为会议提供便利，帮助解决分歧和问题。这是为什么呢？因为他们知道，如果他们促进员工之间互动而不是直接给出指导或亲力亲为，那么他们将收获最佳的团队创意，最大限度地激发参与度，让所有人都拼尽全力。

作家、演讲者兼沟通教练员史蒂夫·阿杜巴托（Steve Adubato）这样说：

无论工作地点在哪里，领导者助推创造一个开放、轻松和互动的环境，让所有参与者都可以畅所欲言，毫无顾忌地提出问题，发表意见。

助推的能力并不是每个人天生就有的。相反，这必须通过教导和练习才能学到。如果公司和其他组织希望他们的会议、研讨会、讲习班或员工大会取得成功，就必须全力助推。

帮助领导者发展助推的技巧，不仅可以赋予他们能力，还可以帮助他们向自己的员工赋权。我所说的助推是什么意思呢？

- 助推是双向的。
- 助推是互动的。
- 助推是探索性的。
- 助推是一种传递信息和思想的方式。
- 助推是一种提出开放性问题的艺术形式。

如果助推做得好，可以促进领导者和员工展现自己最好的一面。因为助推是相互作用，它对领导者来说也是一种考验，需要他们根据员工当时的状态来调整领导方式。这增强了领导者的领导能力。

最后 10%——结果好，一切就好

当被授权的领导们准备带着他们的团队越过终点线并完成他们一直在进行的项目时，我要再次参与进来。我希望他们取得最终胜利，因此我要做三件事：

1. 如果可以的话，我会为其增值

在这个阶段，我要问自己一件事："我是否可以在这项工作中做点什么让其增值，以使团队提升到更高水平，或者确保团队走得更远？"如果有，我就去做。如果我在最后阶段与团队紧密联系能为他们增加价值，那么我愿意这么做。我喜欢把这个比作在甜品顶部点缀樱桃，我这样做并不是要把团队的成绩占为己有，而是为了给团队加一把劲，为客户提供更好的服务。

2. 我表彰领导者及其团队

心理学家威廉·詹姆斯（William James）说："人性最深层需求是渴望被欣赏。"我非常重视对领导者及其团队的赞扬，他们应该得到荣誉的时候，我愿意给他们荣誉。当然，时机很重要。我会尽快赞扬，通常是私下表扬，因为我想在他们"满头大汗"时认可他们。但是，为了最大程度地表达认可，最好尽快公开表彰。

> 人性最深层需求是渴望被欣赏。
>
> ——威廉·詹姆斯

3. 我用提问的方式帮助他们汲取经验

在赋权给领导者之后，我们可以为领导者提供的最有价值的服务之一是在流程结束之际向他们提问，以帮助他们获得不同视角，从成功中总结经验，从失败中吸取教训。

"这次经历怎么样？" 太多的领导者完成任务后，从不评估自己经历的过程，只顾着向前冲刺去完成下一个任务，也许是因为领导者对行动有偏见。通过问这个问题，我迫使他们停下脚步，仔细思考，回顾评估。他们从问答练习中温故而知新，而我也从中对他们有了进一步的了解。如果事情进展不顺利，但他们说一切顺利，我会发现某个地方存在脱节情况，这时，我需要帮助他们更清晰地认识自己。如果一切顺利，但他们只看到负面因素，我就知道自己需要指导他们看到积极的一面。既谈好的方面又谈差的方面才是最有意义的对话。我很喜欢我的一位员工在一次讨论会中说的话："这就像第一次约会，有点尴尬，但又充满希望。"

"你学到了什么？" 我希望我的下级领导者每一次被赋权的过程都是一次学习经历。这个问题促使领导者去学习成功经验，吸取失败的教训。就像我一直说的：最好的老师不是经验，而是对经验的评估。

"下次你会完善哪些方面？" 最后一个问题促进领导者积极思考。他们开始期望把自己学到的知识运用到以后的实践中，这个步骤促进进步，因此非常重要。它可以帮助他们从"真高兴工作结束了"转变为"我等不及要再试一次"。

10—80—10法则并非在每种情况下都适用，也并不是对每位领导者都适用。但这对我来说非常有效，你也应该尝试一下，如果你可以带领员工走上一条正确的道路，放手让他们去干，让他们用自己的方式取得成就，然后帮助他们回顾学习，那么对每个人来说都是胜利。

从被赋权到会赋权

在我的职业生涯中，受我指导和赋权最长时间的员工是我所有公司的首席执行官马克·科尔。二十年前，马克就开始在我的一个组织里工作。最初他只是一名销售员，后来他一路晋升直至副总裁一职。我一直非常喜爱的是他对人的真诚以及他建立人际关系的能力。随着我对他的了解慢慢深入，我逐渐看到他的巨大潜力。于是，我开始训练他、指导他。2011 年，我聘请他担任我的首席执行官。

与马克一起工作非常愉快，他在经营公司方面做得非常出色。我的目标始终是支持他并赋权予他。我知道我个性很强，常常固执己见，因此我必须提醒自己退后一步，放手让马克去独立领导。随着时间的流逝，放手就变得越来越容易。

我赋权予马克的方法是让他来找我讨论那些需要做出决定的事。我们几乎每天都会这样讨论。以下是马克对我俩讨论模式的描述：

·确定问题：约翰通常让我确定问题或发现机会。如果我没看出来，他会帮助我，但是始终要确保我俩都清楚自己要做什么。

·讨论情况：约翰会提出各种情况，给我提供不同视角。这有助于我们更快速地找到前进道路。而且，如果我们要解决一个问题，它通常可以确保以后不再遇到相同的困难。

·列出选项：这部分总是令人激动不已。为了抓住机遇解决问题，我们讨论各种各样的方法。我们试图找到尽可能多的选项，而我们的思想模式就是让最好的选择脱颖而出。

·确定方向：如果我要求约翰发表观点，他会这么做。但他通常推辞让我来确定哪个是最好的选择——因为是我去实际执行，但是我们总能确定前进的方向。

·确保买入：我们对行动过程达成一致，共同承诺，我负责向团队传达愿景，指明方向，推动组织前进。

这是我经历过的最棒的领导者开发过程。依次通过这五个步骤，我的思维、创造力和解决问题的能力都得到了提高，也经受住了挑战。另外，我有机会接触到更高级别的领导者，了解到他们如何看待问题，寻找机遇，直至成功。我很喜欢的一点是，约翰始终与我同行，而不是领先于我。大多数领导者认为，他们需要走在前面，为下属指明方向。而约翰走在我的身旁，让我在他的帮助下自己发现前进的道路。在我们并肩前进的过程中，他赋予了我力量，随时为我提供帮助，即使在小事情上也为我服务，这样我们能够携手完成大事。

有时候，马克和我意见不合，但是在我们就某个问题彻底讨论之后，我几乎总是同意马克的意见，让他做出最终决定。令人惊奇的是，马克从不相信自己必胜，我也不相信，但我们相信团队必胜。

多年以后，马克和我逐渐了解我们想要和需要对方做什么，以便他能够成为领导者。

马克想从我这里得到什么

1. 亲近——他希望我有时间见他。

2. 真实——他希望我真实，开诚布公。

3. 尊重——他要我重视他的意见，尊重他的努力。

4. 重要性——他希望有机会为他人增加价值。

5. 信任——他希望我相信他可以领导得很出色。

6. 智慧——他想让我分享我的经验教训。

7. 赋权——他要我赋予他权力和责任。

8. 影响力——他希望我在他需要时帮他说话。

9. 平台——他要我向他提供接触其他人的机会。

我想从马克那里得到什么

1. 真心——我希望他真心爱别人。

2. 成果——我希望他取得成果，而不是找借口。

3. 活力——我想看到他对他所做的事情充满热情。

4. 团队支持——我想看到他的拓展能力，发掘自己最大影响力。

5. 信任——我想永远信任他。

6. 孺子可教的精神——我希望他不断学习，不断进步。

7. 控制情绪——我希望他能够承受我给他的压力。

8. 信赖——我希望能够依靠他。

9. 保护——我希望他无条件地爱我，支持我。

我们花了很长时间来了解彼此的需求，而且也花了很长的时间才满足对方的需求。我们仍在努力学习，不断成长。马克最近给我写了张字条：

约翰：

我没能看到自己内在的潜力，是你看到了我的潜力。在我还没认识到自己可以做企业领导时，是你把我视为领导者。在大家觉得我不会沟通时，是你坚信我的沟通能力。你启发了我，让我相信自己，这是一个人可以赋予别人的最强大的力量。现在，我给自己赋权，敢于去做那些自己以前不知道的有能力做的事情，在我不认可自己能力的时候是你赋权予我。

我很高兴地告诉你，马克仍然精进不休。他稳步向前，不断发挥自己的潜力，我每天都能看到他变得越来越好。他变得更好，不仅在领导方面，而且在投资领导者方面，帮助他们成为更好的人，这是巨大的回报，也是巨大的嘉奖。

Chapter 7

定位领导者
建立团队协作，使影响力倍增

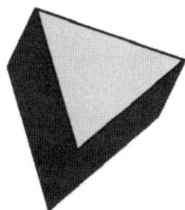

有什么比一个干劲十足、装备精良和能力超群的领导者更强大？那就是一群干劲十足、装备精良和能力超群的领导者，有什么比这更强大？那就是一支拥有干劲十足、装备精良和能力超群的领导者团队！当优秀的领导者聚集在一起，受到一个领导者的激励，专注于一个愿景，并作为一个团队一起工作时，几乎没有什么是他们不能做的。

领导者团队很强大，但这样的团队很难创建起来。因为领导者很难聚集在一起，要让他们一起工作绝非易事，因为他们每个人都有自己的想法，通常宁愿自己组建一个团队也不愿加入一个团队。

领导力难度等级

多年来，我逐渐认识的领导力发展有三个难度等级：

最低难度：把自己培养成为领导者。

中等难度：把他人培养成为领导者。

最高难度：组建领导者团队。

最初都得从自己开始，虽然自我培养是最低难度等级，但并不意味着这很容易。最难领导的人永远是自己。在我人生的前四十年，我的重心是把自己培养成为领导者。我发现任何人都有可能习得领导力，成为更好的领导者。这个发现激发了我，让我更有动力自我培养，并培养他人。

我进步最大的时候是约翰·伍德教练指导我的那段日子。对此，我将永远心存感激。我们在他最喜欢的餐厅吃早餐，是我最美好的回忆之一。那时，他拿起钱包，抽出父亲在他中学毕业时给他的一张卡片，这张卡片他随身携带了八十多年。他把卡片递给我，让我读读上面的文字。我小心地拿着它，读了读上面的字：

七件要做的事：

1. 对自己诚实。

2. 帮助他人。

3. 把每一天活成自己的杰作。

4. 从好书中汲取能量。

5. 让友谊成为一门精巧的艺术。

6. 未雨绸缪。

7. 祈祷他人给予指导和依靠，每天为自己得到的祝福而感恩。

我把卡片递还给他，伍德教练说："我每天都要读读这几句话，竭尽所能做到这七点。"

约翰·伍德是体育史上最伟大的团队领袖之一。他关注的是什么？首先是自我培养。他的自身经历说明了得先培养自己达到合格，才能培养其他领导者，才能将他们聚集到同一个团队中，这个顺序极其重要。

我从事领导力提升工作已有五十多年了，直到如今，我还在每天努力。此外，我还会尝试培养积极正面的品格，帮助自己成为更好的领导者，树立良好的榜样：信念、激情、可塑性、成长、职业道德、仁爱、为人服务、有意为之的生活、正直、坚持不懈。我努力领导好自己，再赢得领导他人的权力。这项工作很艰巨，但是我做得越好，就越能收获信誉。在将多位领导者召集到团队中之前，请一定确保首先自我成长。

邀请谁进入你的领导者团队

你自己的领导力水平将决定你能够邀请加入领导者团队的那些领导者的水平。除非人们认可你的领导力，不然他们不会认可你本人，更不想成为你团队中的一员。（《领导力 21 法则》中的认可法则说："人们先认可领导者，然后才会接受愿景。"）如果他们在领导力方面比你更强，那么他们就不会跟随你。（《领导力 21 法则》中的 "尊重法则" 说："人们自然而然地跟随比自己强的领导者。"）如果你的领导能力为 5 分（满分为 10 分），那么你就不能指望领导能力为 6 分以上的人跟随你。你最多能够吸引到 3 分和 4 分的人。因此，请持续提升自我。如果你想培养一个优秀的领导者团队，就需要自己首先成为更优秀的领导者。

当你准备好开始发展一个领导者团队时，需要满足以下条件：

1. 具有卓越领导力记录的领导者

这一点看起来似乎很明显，但我还是要指出来。

在组建领导者团队时，你招募的人员在将来要成为领导者，他们需要展现自己的领导能力，而不是在未来某一天突然获得领导力。为什么？因为每个团队成员都会评估其他人。可以肯定的是，将一群领导者放在一个房间里，很快就会建立起非正式的啄食顺序。领导者凭直觉就能感知到其他领导者的水平，并能够嗅出彼此影响力的大小，那些无法领导的人会被其他人边缘化或驱逐出去。

2. 领导者得明白自己在团队中的位置和目的

《所向披靡：打造卓越团队的 17 条法则》（*The 17 Indisputable Laws of Teamwork*）中的利基法则说：所有参与者都有能最大限度地增加价值的点。理想情况下，一旦你把大家带进团队，他们会对自我有足够清晰的认识，知道自己的目标，清楚自己对团队能做出的最大贡献是什么。这样一来，他们便可以马上行动起来，迅速增加最大的价值。领导者对团队的价值始于他们对团队的了解，了解自己应该为团队做什么贡献。随着个人对团队价值的增加，其领导力也随之提高。

> 我与约翰·麦克斯韦尔公司的高级行政教练谈论过相关话题。他们告诉我，他们在领导者中遇到的首要问题就是自我认识不到位。

不幸的是，并不是所有优秀领导者都有这种清晰的自我认识。强大的领导潜能或成功的业绩都不能证明领导者清晰的自我认识，如果你引入团队的领导者不知道他们为什么入选，不清楚自己该如何做出最大贡献，那么你就需要为他们确定适当的位置以此来帮助他们。告诉他们，你在他们身上看到了什么，指出他们的长处，给他们安排可以合理利用这些长处的角色。然后，为他们设定期望。这样做很重要，因为如果当你的团队成员发挥不出自己的优势时，就会出现以下情况：

· 士气低落；

· 队员之间缺乏协同合作；

· 团队发展滞缓，止步不前；

· 团队不能充分发挥潜力。

如果你给队员定错了位，那么你们两人都会很快意识到出了错。这个时候你有责任做出必要调整，将他放置于最佳位置。不过，有一个例外，如果你的团队中有一位领导者非常能干，才华横溢，即使在自己不太擅长的方面也能做得出类拔萃，你可能没有意识到他还没有达到最佳状态。如果你的团队中有这样的人，交给他的所有工作他都能出色地完成，那么你就得让他继续尝试新事物，与其保持对话，不如找到真正最适合他的位置。

3. 领导者应了解其他领导者的定位和目的

把领导者聚集起来可能非常具有挑战性，才能出众的领导者可能认为自己加入团队会太受局限，自己的发展受到了限制。他们会变得焦躁不安。如果他们真的非常优秀，他们更倾向于自己做领导者，而不是跟随别人。

有一个很好的办法可以消除这种紧张关系，那就是帮助他们了解其他团队成员，彼此欣赏。向他们解释为什么会有其他人，彰显每个人的长处，确保他们明白你为什么邀请其他领导者加入团队。知道其他领导者会为自己增值，他们就会有动力去重视团队以及团队中的每个人。一旦他们看清其他领导者的价值，理解所有人的优势会形成合力，他们就会愿意尊重团队中的其他成员，这样更有利于他们团结协作，同心共力。

4. 领导者应热爱、尊重并相信团队

如果团队成员把自己置于团队之前，团队绝不会成功。你可以清楚地看到这种态度对体育运动的影响有多大。有些队员拒绝合作，全然不顾自己已签约，或者由于自私的愿望未能得到满足而要求被交易。相反，如果队员重视团队和队友，爱他们，相信他们，整个团队就会所向披靡。

作为领导者团队的领导者，你的责任是传递愿景，这有助于团队团结一致，集中力量办大事。你还需要找到方法来帮助他们在心理层面建立联系——与你和彼此建立联系。如果每个人的心之所向一致，那么每个人都会齐心并力，众志成城，相互支持，

共同奋斗。

5. 领导者应树立组织愿景的价值观和典范

当你指派领导者加入领导者团队时，你就得到了他们的默许，他们将成为组织中其他人的领导力榜样。正因如此，他们需要体现你希望别人接纳的价值观，实现你希望别人追求的愿景。

我很喜欢伍德教练对他的球员说的一句话："不要告诉我你要什么，直接做给我看。"话虽简单，行动却强劲有力。当你选择诚信的领导者加入你的团队时，他们应该能够说出一位领导者可以与团队分享的最有力的话语——"跟我干"。如果他们有信誉，人们就会跟随他们。

6. 领导者应愿意为了团队放弃个人议程

有才华的人可能习惯于以自己的方式做事，对于才华横溢的领导者尤其如此，因为他们具有影响力，习惯于运用自己的影响力。你如何让强大的领导者放弃自己的议程来接纳团队的议程？《所向披靡：打造卓越团队的17条法则》中的重要性定律讲的是："一"这个数字太渺小，不足以实现伟大。作为团队领导者，你需要让成员了解到，团队合作可以办成比单打独斗更大且更重要的事情，他们可以达到一个超越个人成功可能提供的任何福利、地位或机会的重要水平。

如果花时间来帮助你的领导者互相尊重，互相联系，互相关心，他们的想法就会发生转变，从认为自己为团队放弃了很多转变为自己作为团队一员可以集中力量办大事。只有他们相信这个真理，他们才会心甘情愿地放弃自我特权，去体验团队合作的特权。从长远来看，他们会发现个人主义可以赢得几座奖杯，但是团队合作可以夺取冠军。

7. 领导者应不断取得领导成果

有效领导力的最大敌人之一是获胜者心态，领导者以为自己已经功成名就了，就不再积极地领导。相反，他们专注于自己的岗位任期、身份地位、职务职位或辉煌历史，专注于如何保持住自己的位置。一旦出现这种情况，他们的领导力就会受到严重影响。如果他们自以为功成名就了，他们就不愿再努力工作，不会每天撸起袖子，提高自身水平，不愿为组织增值。他们将不再是积极领导价值观的典范，而全然忘记正是这种积极价值观才使他们达到目前的位置。最终的结果是，他们效率低下，丧失信誉。

每次引进领导者加入团队，你都要明确告知他们这不是最终目的地。他们受邀加入是为了更加努力地工作，至少得像加入团队之前那样努力，还要在工作中发挥更大的作用。通过加入团队，他们将获得更大的影响力，能够做出更大的贡献。他们可以为自己的员工增加更多的价值，提升组织的影响力，这是干大事的起点，而不是终点，让他们知道现在还不是休息的时候，是该有所作为的时候。

五步建立更优秀的领导者团队

一个好团队大于其各个部分的总和，一个好的领导者团队有实现伟大梦想的潜力。我的朋友克里斯·霍奇斯将梦想定义为"藏在内心的令人无法抗拒的理想，这个理想太过宏大，没有他人的帮助就无法实现"。看看团队对梦想的影响：

有梦想而无团队，梦想遥不可及。

有梦想，团队差，梦想就是一场噩梦。

有梦想且正在组建团队，梦想可能实现。

有梦想且有优秀的领导者团队，梦想触手可及。

> 藏在内心的令人无法抗拒的理想，这理想太过宏大，没有他人的帮助就无法实现。
>
> ——克里斯·霍奇斯

领导者团队具有产生巨大影响和高回报的潜力，要带领你的领导者团队走上正确的道路，请做到以下五点：

1. 确保领导者与你的理想保持一致

马库斯·白金汉（Marcus Buckingham）对团队进行了数十年的研究，尤其专注于研究使团队变得出色的因素。多年来，他发现了八个重要方面，他称之为"高绩效团队八要素"。他以图表的形式将这八要素排列出来，分别展示了团队和个人对于四个方面的反应，以此预测是否能成功。

我认为白金汉的观察结果实际上是关于一致性的。在优秀团队中，个人宗旨、目标和价值观与组织及其他成员的宗旨、目标和价值观保持一致。如果你读过白金汉图表上的每个区域，就会发现优秀团队的成员对组织的宗旨充满热情，了解他们自己的目标与团队宗旨相一致。他们认识到自己的价值观和实力与团队的价值观和实力相一致，他们感受到组织及其他团队成员对自己的支持。他们看得到自己和组织共同的美好未来。所有人都在同一条船上，朝着相同的方向奋力前进。

领域	"我们"的需求	"我"的需求
目标	我对公司的使命充满热情。	在工作中，我清楚地理解人们对我的期望。
卓越	在团队中，我周围的人都认同我的价值观。	我每天都有机会运用自己的优势。
支持	我的队友支持我。	我知道我的出色工作会得到别人的认可。
未来	我对公司的未来充满信心。	在工作中，我克服困难，不断成长。

这种一致性并不是偶然发生的，团队的负责人必须发挥助推作用。你必须加强沟通，帮助你的领导者在组织愿景、团队与他们自己的优势和愿望之间建立联系，明确他们需要做出哪些贡献，帮助他们学会欣赏他人的贡献。训练他们，指导他们（我将在下

一章中详细讨论这一点）。保持沟通，并创新沟通方式，持续有效地沟通。

2. 帮助你的领导者彼此联系，互相关心

看看任何成功团队的经历，你会发现人们彼此关心，拥有关系和情感的纽带，这种情况在军队的作战部队中尤为明显，尤其是特种部队，例如海军海豹突击队（Navy SEALs）或英国突击队（British Commandos）。团队成员在最极端的情况下为彼此而战，甚至愿意为彼此而死。但是，在不那么极端的环境中，例如在体育比赛中的冠军队、成功的企业和志愿者团队中，这种紧密关系也很明显。

顾问保罗·阿诺德（Paul Arnold）分享了研究人员关于团队凝聚力的见解。阿诺德在他的博客中写道：

来自凯洛格研究生院和沃顿商学院的 Shah 和 Jehn（1993）研究了一组来自 MBA 班一年级的一群人，他们要求每个人写下与自己关系最好的人的名字，然后把他们分成几个小组，其中，一半的小组组员关系很好，另一半小组的组员则是随机分配。不出所料，在一系列测试中，关系融洽的小组总是比另一个小组表现得更好，相差比例之高出人意料。在常规任务中，他们的表现比其他小组高出 20％；在复杂任务中，比其他小组的表现高出70％。他们进行深入调查，发现了两个关键因素：第一个因素是，在凝聚力强的团队中，组员彼此支持更多，情绪饱满，尤其是在

执行第一个常规任务时。在第二个复杂任务中，另一个关键因素出现了——那就是争论。在没有团队凝聚力的小组中，没有人真正愿意惹怒其他人，因此讨论气氛很亲切，结果导致决策阶段大家相互妥协。而在凝聚力强的小组中，友谊使得讨论进行得非常真实，大家相互争论却不会蔓延到人身攻击。因此，在一场大有益处的辩论之后，小组做出了更好的集体决定。

总而言之，任何团队想要发挥出更高的水平，都需要团队成员（在情感上）紧密地联系在一起。

那么，如何才能助推团队领导之间的情感联系和凝聚力呢？得从信任做起。这是建立联系、促进成长和团队合作的基础。杜克大学男子篮球队的主教练迈克·沙舍夫斯基（Mike Krzyzewski）建议："如果你建立起沟通和信任的团队氛围，这将慢慢变成团队传统，老队员将在新队员中建立你的信誉，即使他们不喜欢你的一切，他们仍然会说：'他值得信赖，一定会为团队付出。'"一旦你奠定这样的基础，你就可以建立情感联系，巩固信任。

帕特里克·兰西奥尼（Patrick Lencioni）写过大量关于团队的文章，我非常喜欢他在《团队协作的五大障碍》（*The Five Dysfunctions of a Team*）一书中关于信任的内容，信任团队的成员懂得：

·承认弱点和错误；

·请求帮忙；

·接受其职责范围的质疑和意见；

·在得出否定结论之前，首先彼此指出疑虑；

·勇于提出反馈意见，乐于提供帮助；

·欣赏并利用彼此的技能和经验；

·将时间和精力放在重要问题上，而不是非必要的争论上；

·毫不犹豫地道歉或接受道歉；

·期待诸如会议等集体合作的机会。

关爱队友最起码要付出多于索取，这一点至关重要。如果你关心队友，彼此建立起情感的联系和纽带，那么你将变得非常慷慨。你会努力寻找合适的方法为团队增值，为队友增值。你不会为了追求一己之私而牺牲队友的利益。

盖尔·毕比写过一本关于塑造高效领导者的书，极有见地。他的思想受现代管理之父彼得·德鲁克的影响，在讨论组织成员的行为及其对团队氛围和结果的影响时，他使用了"贪婪"和"慷慨"二词。毕比写道：

贪婪破坏团结，贪婪本质是毫无节制，对于金钱或名利的渴望永无止境，最终导致失去对他人需求和抱负的尊重，因为对自己的需求和抱负超越了所有正常的界限和期望。这对团队具有极强的腐蚀性，如果高级管理者很贪婪，就会给整个组织带来毁灭性的后果。具体表现在需要过度的赞美、过分的关注或过多的补偿，还体现在不愿分享高光时刻，恶意和无意识是这种内在动力的双重体现，它的根源是无限的渴望，这种渴望超越了满足所有需求的现实能力。

另外，慷慨可以建立团结。慷慨让我们愿意付出和接受，因为我们不受金钱或名望的摆布，慷慨大方也使我们有能力应对高光时刻和低谷时刻——产生积极正面而持久的结果。

领导者与团队成员之间彼此信任，相互联系，凝聚在一起，每个人都愿意付出更多，不求索取，这样成员之间就能够很通畅地交流，生产力也随之提高。这条路可能并不总是一马平川，团队成员之间可能也并不总是彼此赞同，但是他们同心协力，遇到问题就大声讲出来。这一点很重要，因为正如我的朋友马克·桑伯恩所说："在团队合作中，沉默不是金，而是死寂。"随着对自己和队友的专业能力及个人才能的认同和肯定，他们逐渐成为一个真正的团队，被绑在一起的团队最终成为密不可分的具有凝聚力的整体。

> 在团队合作中，沉默不是金，而是死寂。
>
> ——马克·桑伯恩

3. 确保领导者共同成长

有一个凝聚团队成员并给他们带来光明未来的好方法是确保他们共同成长。几年前，我创建了一组首字母缩写词，以帮助我为领导者团队的成员制订成长计划：

Give——给予成长环境。

Recognize——认可每个人的成长需求。

Open——开放成长机会。

Walk——在逆境中与之同行。

Teach——传授各种经验。

Help——帮助他们为队友增值。

让我们依次来看这六个方面。

给予潜在领导者成长环境

当我第一次意识到成长不仅对我自己，而且对于团队成员来说都极其重要时，我精心描述了那些有助于成长的因素，我认为，给予潜在领导者的成长环境应该是这样的……

· 你的前面有人带路；

· 你不断遇到挑战；

· 你专注于前进；

· 氛围积极正面；

· 你可以走出舒适区；

· 你每天醒来都很兴奋；

· 失败不是你的敌人；

· 其他人也在成长；

· 人们渴望改变；

·成长道路上有榜样，有预期。

如果你希望团队中的领导者得到成长，那么你就需要努力创造一个与我所描述的环境类似的场所。一切得从你开始，因为作为领导者，你可以做到以上列举的这些，你是榜样，可以为他们带路，促进改变，提出挑战；可以要求他们离开舒适区，允许他们失败而不苛责；可以鼓励他们做所有这些事情，帮助他们更好地发挥自己的作用。

认可每位潜在领导者的成长需求

当你与领导者心连心、肩并肩、携手同行时，你就会了解他们每个人的优势，看到他们还需要成长的地方，这可以帮助你更好地指导他们。不过，我还建议你与他们讨论，他们自己认为还需要在哪些地方有所提升。每年 12 月，我都会与团队负责人一起开展这样的讨论，让他们说出自己希望在未年一年里在哪两个方面有所成长，他们确定的方面通常与我观察到的方面相匹配或相对应，如果不匹配，我们就此展开讨论，就未来十二个月要努力的方向达成共识。

让你的领导者成员参与到这个过程中来，问问他们想在哪些方面得到成长，并对他们的成长愿望做出积极回应，这会激发他们内心的强烈动机，你无法决定人们的动机，当人们开始权衡自己的发展时，他们更愿意接受自己的个人成长和进步。

> **当人们开始权衡自己的发展时，他们更愿意接受自己的个人成长和进步。**

向潜在领导者开放成长机会

当你与领导者一起工作，帮助他们成长时，你会发现同一种方法并不适合所有人。每位领导者都是独一无二的，他们的个人背景不同，成长经历有别，影响力大小不一，观点、视角各异。领导者的水平越高，就越需要个性化的成长计划。

确定领导者团队成员的成长需求后，我会与他们一起制订发展计划，我会积极参与其中，为他们提供帮助。例如，如果领导者需要在社交领域发展，我会把他们介绍给相关领域的人；如果他们需要更多的领导经验，我会交给他们一个会促使他们成长的项目；如果他们缺乏远见，我将与他们分享经验，向他们介绍一些能够激发他们更大梦想和更多渴望的人。无论他们需要什么样的成长，我都尽力为他们提供机会去到某个地方，见一些人，获得一些经验，满足他们的成长需求，帮助他们绽放。

在逆境中与潜在领导者携手同行

我观察到，逆境最能助人成长。究其原因，是困难迫使我们寻求帮助，对新的想法持开放态度，并愿意为摆脱困境而做出改变。当你的领导者遇到困难时，如果你愿意与他们同行，帮助他们渡过这些难关，便能够为他们增加价值。

我发现帮助年轻领导者特别愉快，因为他们很愿意接受帮助。我会让他们知道他们不是在单打独斗，我会在事情不稳定的时候给他们信心。如果他们感到迷茫，我会告诉他们我的看法。他们提出任何问题，我都会回答。这样不仅能够帮助他们成长，而且在此过程中我们的友谊也变得更加深厚。如果你将领导者所遇到困难看作一次关怀备至的帮助、一次方向微调的时机，而不是一个告诫和纠正的时刻，那么你将能够帮助他们，并对他们的人生产生积极影响。

教潜在的领导者从每一次经历中学习

我相信每一次经历都可以教给我们一些东西，但是太多的人无法从中吸取教训，因为他们太过专注于损失而忽略了教训，我将重点放在教训上，来帮助他们成为更好的团队成员。在第六章中，我解释了如何在领导者中运用10—80—10法则。在这个过程中，有一部分是提出回顾性问题，我也很喜欢和我的团队一起复盘。在一次共同经历之后，无论是成功还是失败，我都喜欢花一点时间来评估这次经历。我们问自己："哪里做得对？哪里出了错？我们学到了什么？我们应该如何改进？"个人成长需要个性化的成长计划，而共享经验是领导者共同成长的绝佳机会，可以通过小组问答来实现。

帮助潜在领导者为他们的队友增值

毫无疑问，领导者和成功人士者往往具有很强的竞争力，他们喜欢获胜。有时作为团队负责人，你必须教那些习惯自己获胜的人如何调整心态去夺取团队胜利，尤其是当他们抱着所谓的零和心态时，更应如此。我喜欢投资百科对零和博弈的解释：

零和博弈是博弈论的一种概念，是指一方所赢等于另一方所输，故财富或收益的净变化为零。

扑克牌和赌博是一种常见的零和博弈，因为一些玩家赢得的总金额等于其他玩家的总损失。诸如象棋和网球这样的游戏，总有一个赢家和一个输家，也是零和博弈。

零和博弈的反面是双赢（如显著增加两国之间贸易的协议），或者是双输（如战争）。

强大的领导者团队应当知道，一个成员赢，并不意味着团队其他成员必定会输，团队成员之间互相帮助，不管以什么样的方式促进彼此发展或为彼此增值，都不会让他们自己有任何损失。相反，这会使整个团队成倍增长。已退役的 NBA 教练菲尔·杰克逊（Phil Jackson），他作为球员曾两度夺得过 NBA 冠军，作为教练获得过 11 次冠军。他说，他的球队的座右铭是"狼群的优势在于狼，狼的优势在于狼群"。团队中的每个人都全心投入，这是你需要向领导者团队成员传递的思想。他们需要明白，除非所有人都成功，否则没人能成功。

> **狼群的优势在于狼，狼的优势在于狼群。**
>
> ——菲尔·杰克逊

4. 为领导者定位，让其相互补充和完善

我写了很多关于我与约翰·伍德教练一起参加的指导系列会议的文章，因为这些会议给我留下了非常深刻的印象。在一次会议中，我问他是如何让这么多伟大的球员在一起打得如此出色的。

"这可不容易。"他回答得很简单。接着，他的一番话让我永远铭记，"每个玩家都必须有属于自己的位置以及超越自我的目标。"这真是对团队球员的完美描述啊！

我在本章前面提到的利基法则指出，所有参与者都应该有一个最佳位置，可以增加最大价值。在那个位置上，他们可以最大程度地发挥自身优势，为团队做出最大贡献。我很喜欢顾问安娜·罗巴克（Ana Loback）所说的，团队成员了解他们适合团队的重要性以及由此带来的好处，这一点很重要：

我们的研究表明，越了解自己优势的团队，优势越突出，团队表现越好，也拥有更积极的环境，更有利于增进团队成员之间的信任。

模棱两可会产生不信任感，由此滋生不安全感。角色和职责以及什么可以激励团队中的每个人，这些越清晰，成员越清楚团队对他们的期望是什么，也越了解自己应该期望什么。

了解自己及队友的优势，帮助你了解什么能激励自己及团队，同时更理解如何优势互补。

彼此共享自己的长处，让别人知道你需要什么，创造一个更积极的环境，促进协作和承诺。同时要分享你的业绩风险，告知他们可以给你提什么要求，将一切开诚布公地说出来，建立信任，改善沟通。

作为团队负责人，你需要助推这一过程，或如约翰·伍德所说："我帮助球员找到投篮点，为夺取胜利打下基础。"作为领导者团队的领导者，你需要做类似的事情，那么需要做些什么呢？

了解岗位需求

为了能够合理定位团队领导者，你需要了解每个岗位的需求。你的领导者需要具备什么技能来完成工作或项目？如果你没有类似经验，请让你的团队帮助你分析，由你来助推讨论。

知道谁有优势，适合这项工作

如果你很了解你的领导者，知道他们的才华和技能，清楚他们的优势和劣势，了解他们的个性和脾气，那么你就可以做出准确判断，确定最适合每个职位的人选。这是你与领导者建立联系深入接触的真正收获所在。许多领导者通常不愿花时间去了解自己的员工，只是随意地把某人丢在某个岗位上，寄希望于获得最好的结果，这绝不是领导团队的好方法。

当你为团队领导者定位时，请一定考虑这两点：谁可以把每项工作做到最好？他们如何协同互补？团队成员的互动不仅影响团队的成功，也影响团队的效率。

知道何时调整

团队领导者需要在正确的时间做出正确的调整。通常，这是凭直觉做的事情。为了取得成功，你需要给你的领导者足够的时间和空间来解决问题，还要知道该何时做出调整。如果你过早地让领导者退出岗位，那么他可能会失去队友的信任和信誉。如果等待的时间过长，受苦的将是整个团队，你将失去团队中其他领导者的信誉。

那么该何时做出调整呢？理想情况下，对于正在苦苦挣扎的领导者，如果你能及时伸出援手，指导他们完成任务，之后再做出调整，通常这是最好的解决方案，但是，如果工作或任务已经发生变化，领导者不再适合该职位，或者领导者正在更替且不能胜任这项工作，那就需要进行相应的调整。

5. 与领导者就如何发挥作用进行沟通

接下来，带领团队领导者变得更好的一步是帮助他们进行思想定位，大多数人在工作中并没有真正看到目标。他们将自己视为符合岗位描述的员工，自己的任务就是完成工作。我建议你给他们来一次"岗位提升"，让他们看到自己所做的工作能够提升他人的能力，能有所作为，这需要思想上的转变，而不是工作上的改变。

O.C. 坦纳（O. C. Tanner）的执行副总裁大卫·斯德特（David Sturt）在《福布斯》上发表过一篇关于对从事底层工作者的研究，研究结果极具启示意义：

来自耶鲁大学的简（达顿）和她的同事艾米·弗谢斯涅夫斯基，研究了从事不起眼工作的人是如何应对他们所谓的"被贬低的工作"的。在让这些人选择所谓的没有回报的工作时，他们选择了医院的门卫，但简和艾米在研究中的发现让他们大吃一惊，并改变了他们未来十年的研究轨迹。

简和艾米采访了美国中西部一家大型医院的保洁员，发现有些保洁员根本不认为自己是清洁工。

他们将自己视为专业员工，是康复团队的一员，这种观点改变了一切，这些保洁员认识患者及家属，他们在细小但重要的方面为病人及家属提供服务：在这儿放一盒面巾纸，在那儿放一杯水，说一句鼓励的话……

人们通常会接受岗位要求（或岗位描述），然后自我扩展岗位职责，以实现他们想要有所作为的愿望，他们做岗位所期望的工作（因为这是必需的），找到一种方法为他们的工作增加新的内容。

他们都是在为自己提升工作能力，他们知道自己在做的事很重要，因为他们正在发挥作用。

作为团队的领导者，你有机会成为他人工作的提升者，为领导者定位，意味着不仅要发现他们的激情和优势所在，还要将他们置于正确的位置上。你可以帮助他们定位思想，以不同的方式看待他们的工作，鼓励他们多为别人考虑一点，少一点考虑自己，学会为他人播种，而不过于看重自己的收获。每天都有意挑战他们，让他们为队友增加价值。

最近，在约翰·麦克斯韦尔团队培训活动中，我想让那些与我合作的教练同事了解他们正在产生并将继续产生的影响，在我演讲的尾声，我分享了以下内容来激发他们的灵感：

> 为什么我们的团队表现出色？
>
> 我们支持最重要的事情；
>
> 我们在一个平庸的世界中脱颖而出；
>
> 我们彼此支持；
>
> 我们将为下一代奋起拼搏；
>
> 那么，请你为自己欢呼喝彩！
>
> 他们做到了，他们为自己和组织喝彩。

我希望，在我们一起度过的时光里，知道自己正在为他人增加价值并带来改变。

我的领导者团队

在本章末尾，我想谈一谈我亲自领导的领导者团队。在我的人生中，这个团队很小，只有四个人。他们肩负着沉重的责任，而我的大部分时间都在写作和演讲。我和他们在一起的时间都用于培训和指导他们，确保他们定位准确。在本书中，我已经写到了其中的三位：多个组织的首席执行官马克·科尔；负责我在拉丁美洲的非营利机构工作的里德雷总裁约翰·韦里肯；我的约翰·麦克斯韦尔公司、EQUIP 和约翰·麦克斯韦尔基金会的办公室主任查德·约翰逊。我们团队的第四位也是最新进的领导者是约翰·麦克斯韦尔团队的总裁保罗·马蒂内利（Paul Martinelli），他于 2011 年加入了我的组织。在过去的九年中，保罗已将这个团队从零扩展到来自世界几乎所有国家的三万名教练。

保罗有很多领导方面的优势。我和他第一次见面时，他就提出要以我的原则为基础，创建教练团队的概念，但那时我对他并不了解，随着时间的流逝，我逐渐了解到他富有创意、创新能力强，且具有顽强的拼搏精神。他是那种即使被打倒也会重新站起来且永不言弃的家伙。他在开发项目、发展团队和组织方面极有天赋。

但是，保罗还需要克服许多个人挑战。首先，他的童年过得很艰难，家庭支离破碎，这使他很难信任他人。因为他的过去使他对担任领导职务的人抱有怀疑态度，所以我知道我必须赢得他的信任。同时，因为我不太了解他，所以他也必须赢得我的信任，我敞开心扉与他探讨我的想法和动机。我还请我的首席执行官马克花了很长时间与他建立关系。这确实带来了可观的效果，我们建立了牢固的相互信任关系，保罗已经是一位极具天赋的领导者，并且他还在继续成长。保罗说："当你的领导者信任你，用他们生命的全部力量信任你，你的发展将无可阻挡，其他任何方式都无法替代这种成长。它会超越普通的技能提升或才能增长，超越其他任何传授或学习都无法达到的水平，我相信大多数人也将为信任他们的领导者付出更多的努力，以非常切实的可量化的方式回馈这种信任。"

保罗在我的领导者团队中已经处于最有利的位置，他将继续培养约翰·麦克斯韦尔团队，马克、查德、约翰和我不是唯一肯定他的水平的人，来自世界各地的人都对他的能力表示肯定。2019 年，保罗被《全球权威》（*Global Gurus*）评为"全球最佳专业教练"。

保罗还将继续寻找新方法，为世界教练网络、我以及我的领导者团队增值，他还会不断进步，继续帮助我们扩大影响力。

Chapter 8

培训领导者
指导他们更上一层楼

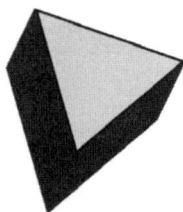

好导师的价值是什么？谢瑞·莱利（Sheri Riley）最清楚，她是被约翰·麦克斯韦尔团队认证的教练和讲师，她一生致力于帮助他人。最近，我与她交谈，她讲述了自己的故事。

谢瑞最初在路易斯维尔大学（University of Louisville）学习企业管理专业。那时，她怀揣梦想，希望毕业后进入娱乐行业工作。开学后不久，老师们就开始鼓励所有学生，包括她去寻找导师。她的父亲查尔斯·休格利（Charles Huguely）早期就教过谢瑞如何过上体面的生活，如何处理个人财务，但从来没有一位商业领域的专业导师教导过她。

"他们告诉我们，企业高管愿意为大学生抽出 15 分钟时间来交谈。"谢瑞说。于是，带着对进军娱乐业的梦想和期望，她开始寻找愿意与自己谈谈远大抱负的高管。她挨个儿打电话，请求对话。在此过程中，她与许多行政助理建立了良好的关系，但没有一位高管同意接受她的采访——在她四年半的大学生涯中，一次也没有。

失望并没有阻止谢瑞追求职业生涯的脚步，但这确实启发她做出一个决定。她发誓说，自己如果能进入娱乐行业，绝不会像当初拒绝她的高管那样，拒绝学生的请求。即使她没能找到一位专业导师，不过后来她在这个行业中成了其他人的导师。

投资他人

刚一毕业，谢瑞就被歌手、词曲作者兼制片人杰拉德·莱沃特（Gerald Levert）的管理公司特拉维制片厂（Trevel Productions）聘用。几年后，位于亚特兰大的拉菲斯唱片公司（LaFace Records）聘请了她担任高级营销总监。

谢瑞第一次当导师是在拉菲斯唱片公司。她指导自己的第一个助理，名叫塔什·梅肯（Tashion Macon）的年轻女士，在与塔什合作两个月后的一天，谢瑞把她叫到办公室，请她坐下，对她说："你得另找一份工作。""什么？！你要开除我吗？"塔什倒吸一口气。

"不，你太能干了，不适合继续当我的助理。"谢瑞解释道，"我想指导你，帮助你成功。去找一个你的接班人，好好训练他/她，我会给你另一份工作。"塔什找到了比利·卡罗威（Billy Calloway），对他进行了培训。就在与谢瑞谈话的六个月后，塔什成为了产品经理。顺便说一句，比利也遵循了塔什的道路，找到并培训了他的接班人，后来当上了产品管理协调员，现在是销售和营销主管。塔什继续求学，获得了心理学博士学位。她开了一家营销公司，自己任公司负责人。

谢瑞的下一个投资是拉菲斯第一次指派给她合作的艺术家，一个15岁的孩子，他刚刚签了唱片公司。那时候，她根本不知道这个孩子后来会取得多么大的成就，不过她很快就看出他的非凡才能。真正使她震惊的是他浑身上下散发出来的魅力。有一天，她带着这个年轻人来到亚特兰大地区的一家高端商场，随便逛逛，那时这个年轻人还没在全国内曝光，许多十八九岁的年轻人——通常会特意装酷——认出了他，走上前来对他说，他们有多爱他的音乐，还向他要了签名。不仅如此，谢瑞与这个年轻人一起旅行时，她常常得赶走那些与他调情的三四十岁的妇女。

当时，谢瑞做出了一个决定，要像亲姐姐一样对待他，指导他，对他讲真话，而不是只说他想听的话，也不会只为了赚钱而牺牲他的利益。她希望帮助他为事业的长期发展打下坚实的基础。她听说过许多关于年轻音乐人的恐怖故事，他们早年成名，拥有巨大财富，可他们的生活却一塌糊涂。她不想看到这种情况发生在他身上。她告诉他，她把他看成一个成熟的男人，而不是一个品牌。

超级明星

你可能想知道，那个 15 岁的孩子是谁？他的名字叫亚瑟（Usher）。他事业非常成功，而且受人尊敬。他的唱片已经售出了超过 7500 万张，他的数十首歌曲都进入了 Billboard 榜单，其中有 9 首歌曲排名第一。后来，谢瑞离开了拉菲斯唱片公司，亚瑟想要聘她，她婉言拒绝了，她说自己宁愿成为他的朋友，永远支持他，如果她想在经济上依赖他，就不会那么做了，亚瑟谈到谢瑞说：

我立即感觉到她有异于常人之处，那就是她的人性，她对我感兴趣的不仅是作为一个市场营销项目，而且是作为一个完整的人。她问了我一些问题，并认真地听我的回答，没有任何隐藏。

谢瑞很快成为我的朋友和生活顾问。对我来说，有时她像母亲，有时像大姐姐，有时像教练。但她总是坚定地支持我，我也总是在心里默默地信任她。

如今，谢瑞是一位赋权演讲师、人生战略家和作家。她的听众来自美国企业甚至国际企业，她最大的热情所在仍然是指导和培训，尤其对于年轻有为的人。她今天的主要关注点是帮助成功的运动员和艺人，与她合作的有 NBA 和美国橄榄球联盟（NFL）的球员，教他们如何为自己生活的各个方面带来成功，而不仅仅是他们的体育生涯。她喜欢帮助他们找到自己的目标，在短暂的运动生涯结束后，依然活得成功，我为她感到骄傲。

导师的价值

如果没有他人的帮助，我们就无法完全发挥自己的潜力。自我评估固然重要，导师的观点和协助也至关重要。我们每个人都有盲点，有些地方我们自己看不清楚，只有通过他人的不同视角才能认清自己。他人指导比独自旅行走得更远、更快、更成功。

接受指导对我的人生产生了巨大的影响。因此，指导别人同样对我的人生影响巨大，对于导师而言，没有什么比培养其他领导者更有成就感了。这不仅有益于个人，也是可以带来最大受益的投资，为什么？因为你指导的每位领导者都可以对他人产生积极影响。这就是为什么我宁愿指导一位领导者而不是数十名追随者，这也是为什么我的目的是为那些为他人增值的领导者增加价值。

彼得·德鲁克为我阐明了这个道理。20 世纪 80 年代，我与他以及其他几位领导者一同在度假村度过了几天美好的时光。在最后一天，他看着房间里的十几个人说："到目前为止，我对你们所说的一切，都不如我现在要与你们分享的内容重要。你要去指导谁？"接下来的几个小时，他和我们讨论了我们作为领导者指导其他领导者的责任是什么，这番话改变了我的人生。

什么是指导？我认为是有意地将自己最好的努力投入到他人的人生中。我很喜欢约翰·伍德说过的话：

我认为，如果你真正了解指导的含义，那么就会明白，指导如养育孩子一样重要，实际上，指导就如同养育孩子。我父亲常说："没有什么东西不是从别人那里学来的。"世界上的一切都是人类一代代传承下来，知识都是由他人分享而来的。如果你像我一样理解了这个道理，那么指导就会成为你真正的传承。这是你可以留给世人的最重要的遗产，也是为什么你每天起床后就要不断地教与被教。

每当我读到这些句子，内心都会激动不已，也会想到所有在我身上投资的人，这些人为了我而奉献自己。正是站在他们的肩膀上，我才能做到今天的一切，才能奉献于他人。我感到谦卑并感激，他们愿意在我的生活中指导、激励、启发我，教会我改变人生的哲理。下面是我的部分导师以及他们教给我的最重要的东西：

爸爸（梅尔文·麦克斯韦尔，Melvin Maxwell）——良好的态度是一种选择，他教我明白态度决定一切。

埃尔默·汤斯（Elmer Towns）——亲近关系的力量，他教我要接近那些能让你变得更好的人。

隆·伍德鲁姆（Lon Woodrum）——去对你有启发的地方，他让我去参观总统图书馆，后来我参观了所有的总统图书馆。

鲍勃·克莱恩（Bob Kline）——成为第一个看到他人潜力的人。我25岁那年，他看到了我的潜力，从此我再也没走回头路。

莱斯·帕罗特（Les Parrott）——扩展自己的影响力。他鼓励我写书。

杰里·法威尔（Jerry Falwell）——成为牧场主，而不是牧羊人。他向我提出挑战，不仅要喂养自己的羊，还要新建并腾出空间来饲养其他的羊。

汤姆·菲利普（Tom Phillippe）——成为自己徒弟心中的冠军。他不仅仅是导师，还是投资人，他用自己的声誉为我担保，让我就可以勇于冒险，跳出框框之外。

奥瓦尔·布彻（Orval Butcher）——传递指挥棒。他要求我成为他的继任者，他把自己成立并领导了三十一年的组织指挥棒交到我的手上。我尽己所能使它十四年来始终保持优秀，然后将它传递给下一位领导者。

查尔斯·斯温多尔（Charles Swindoll）——"人运"是一个人能够拥有的最好的运气。查尔斯向我介绍了比能力更强的领导者，他们接受我，帮助我。

J. 奥斯瓦尔德·桑德斯（J. Oswald Sanders）——领导力决定一切兴衰成败。他通过他的著作 *Spiritual Leadership* 远程指导我，为我点燃了领导的欲望。二十年后，我终于亲眼见到他，当面对他表示感谢。

弗雷德·史密斯（Fred Smith）——天赋大于个人。他教导我感谢上天赐予的天赋，但要记住，我也有缺陷，而不是完美无缺。这种认识使我始终保持清醒，脚踏实地。

拉里·麦克斯韦尔（Larry Maxwell）（我的兄弟）——开发不同的收入来源。他是一位非常有才的商人，他教我创造被动收入，即使不工作的时候也有收入。

比尔·布莱特（Bill Bright）——对世界抱有远大理想。他想改变世界，每当我和他在一起，他都会拓宽我的视野，扩大我的目标。

金克拉（Zig Ziglar）——帮助他人获得他们想要的东西，这也会帮助你获得你想要的东西。他的话改变了我看待和实践领导力的方式，因此我特别爱他。

西里·耶茨（Sealy Yates）——将你的信息传达给整个商业

世界。在我写书的时候，他鼓励我将商业市场考虑在内，后来我的书售出了 3100 万册，我们仍在帮助他人。

莱斯·斯托贝（Les Stobbe）——读者会翻开这一页吗？莱斯指导我如何写作，使我的书面语言更具说服力。

约翰·伍德（John Wooden）——把每一天活成自己的杰作。他建立了自己的哲学，是我最伟大的导师。我的《赢在今天》（*Today Matters*）一书就是受他的启发。

我可以继续写下去，但我不想让你感到厌倦，我的一生都受到来自导师的影响，正是有了他们对我的指导和帮助，我的生活和工作才会越来越好。

谁是好导师

指导既是引领又是教导，引领部分完全取决于指导你的那个人的信誉程度。因此，你向谁学习与你学习的内容同等重要。我的导师们在传递积极品质方面极具感染力。我从他们的智慧中获益匪浅，深深领会了他们的精神，我领会到：

· 来自我父亲的坚持不懈；

· 埃尔默·汤斯的忠诚；

· 隆·伍德鲁姆的反思；

· 鲍勃·克莱恩的责任感；

- 莱斯·帕罗特的创造力；
- 杰里·法威尔的信仰；
- 汤姆·菲利普的谦逊；
- 奥瓦尔·布彻的欢乐；
- 查尔斯·斯温多尔的多种可能；
- J. 奥斯瓦尔德·桑德斯的成就感；
- 弗雷德·史密斯的视角；
- 拉里·麦克斯韦尔的专注；
- 比尔·布莱特的理想；
- 金克拉的互惠；
- 西里·耶茨的机遇；
- 莱斯·斯托贝的服务意识；
- 约翰·伍德的目标意识。

他们都是我的导师，把自己的智慧倾注进我的人生，投资于我，我感激不尽。即使到现在，我已年近古稀，仍然还在寻找导师，还要向他们学习，启发自己不断进步。

> **指导既是引领又是教导，引领部分完全取决于指导你的那个人的信誉程度。**

无论你想被别人指导还是指导别人，一个人能否成为优秀的导师，都要积极回答以下问题，关于人生的问题，还要考虑那些被你指导的人会如何回答你的问题。

1. 这位导师有信誉吗？

挑选导师时，信誉就是一切。你不会要求别人在一个他从未取得过成功的领域来指导你。你不会向从未成功经营过企业的人寻求经商建议。你不会从身体不健康和超重五十磅的人那里寻求健身指导。你不会要求不太会讲话的人指导你如何与人交流。这样做毫无意义。

我的朋友戴尔·布朗纳（Dale Bronner）是一位非常成功的商人和牧师，他在我的非营利组织中服务了多年。他写了一本关于导师的书，我喜欢他在书中对导师信誉的描述：

导师有法国人所说的"精明"（savoir-faire）的特质。savoir的字面意思是"知道"，而 faire 的字面意思是"要做"。因此，savoir-faire 意味着"知道如何做"。

这个词通常被用在精通礼数的人身上——"她很精明"。

同样，导师也必须具有特定的才干。缺少这种信心和知识，就意味着他们尚未做好准备将自己学到的知识传授给他人……

这种指导过程是一种在职培训，目标是改进而不是使之完美，试图做到绝对完美无瑕，只会让自己感到沮丧。

指导的根本目的是让人们采取不同的行动，而不是变得不同。它不会是一蹴而就，这个过程是从质变到量变，而不是突变。

> 指导的根本目的是让人们采取不同的行动，而不是变得不同。
>
> ——戴尔·布朗纳

称职的导师的信誉来自知行合一。正因如此，他们可以通过行动和知识帮助他人不断发展。

如果你要寻找导师，首先要看他 / 她的信誉。如果你打算自己当导师，就要培养自己的信誉。在指导他人的时候，你只能在自己已取得成功的领域进行指导，随着你的信誉度逐渐提高，你才可以扩大自己的领域来指导他人。

2. 导师的实力与你相匹配吗？

在确立指导关系之前，你必须要知道这个道理：我们教导我们所知道的东西，也复制了我们是谁，指导之所以如此强大，是因为优秀的导师有能力在徒弟的人生中重现自己，但这只有在导师和徒弟具有相似优势时，才有可能实现。

欣赏有才华有成就的人，这很好。如果可以与他们合作，就更好了。但如果你们优势不同，师徒关系就不会互利互惠。导师会感到非常沮丧，而徒弟也没能力落实导师所教的东西。这就好比请勒布朗·詹姆斯（LeBron James）教一个一米七的大胖子打篮球那样。

我最擅长指导的两个方面是领导力和人际沟通，这是我最大的优势所在。和我一起工作的人不仅在其中一两个领域都有能力——他们通常也已经发展出这些技能。因此，他们提出的问题往往非常具体且高度复杂，我也非常乐意把自己这五十多年的经验分享给他们。他们的技能越熟练，经验越丰富，提出的问题就越有意义。理应如此。

导师的实力与徒弟匹配之重要还有另一层含义：每个人需要的导师不止一个，没有人能把所有事都做得很好，也没有一个人的长处和你的长处完全一致。我需要找到不同的人来帮助我发展人生中的不同领域。你也应该这样做。永远不要指望成为任何人的全能导师。作为初学者的导师，你可以在很多领域对他们进行指导。但如果徒弟是更高级别的领导者，你就需要专业化。

3. 导师会复制领导者吗？

导师只有能培养出领导者，才会复制领导者。如果你没有识别、吸引和装备领导者，那么你还不具备作为领导者导师的信誉。你需要做更多基础工作来积累自己的信誉，如果你想得到领导力方面的指导，不要试图与任何没有培养过领导者的人建立联系。

几年前，我有机会得到约翰·伍德教练的指导，我立刻牢牢抓住了这个机会。他是一位非常出色的篮球教练，但我可不想向他学习打篮球，那也不是我的强项所在。如果我只钦佩他的篮球能力，与他见一次面就足够了，接受他的指导就没什么意义了，但是约翰·伍德很擅长培养领导者。他的篮球运动员非常认可他，他教给运动员们关于人生和领导能力的知识比教如何打篮球还要多。这也是我们每次见面讨论的重点。

是训练还是指导

　　在进一步讨论之前，我想谈谈人们经常问我的一个问题，训练和指导的区别是什么。这可能是被问得第二多的问题，仅次于"你的导师是谁？"（你已经知道我的答案了）也许有人会问我另外的问题，因为约翰·麦克斯韦尔团队是一家培训公司，提问者常常想知道训练与指导之间的区别。我知道有些人主张两者的优越性，虽然我知道两者之间的差异，但老实说，我同时做着这两件事。在我看来，两者之间的区别如下表所示。

训练	指导
以技能为中心	以生活为中心
正式场合	非正式场合
系统性较强	系统性较弱
指令	咨询
短期	长期
范围较窄	范围更广
推动议程	接收议程
与职位相关	与关系相关
技能意识	自我意识
训练	培养
做事	做人
事务性	改革性

我是如何与我正在培养的领导者互动的——我选择训练还是指导，取决于该领导者目前所处的位置以及他/她的需求。但我的目标始终是一致的：帮助这位领导者在个人和专业上更上一层楼。我对他们全心投入，挑战他们、鼓励他们、帮助他们成为最好的人。

如何指导领导者

我要给你一张指导领导者的路线图，这张图很简单，但是你需要走的路绝非平坦大道。作为导师，你需要成为老师、导游、教练和啦啦队队长，你得学会在合适的时间做该做的事，但在人生中，很少有事情能给你带来如此巨大的成就感。我建议你按以下步骤操作：

1. 选择你要指导的人——别让他们选择你

你越成功，请你指导的人就越多，至关重要的是，你得做出选择。

"激进指导"（Radical Mentoring）的创立者、企业家兼作家雷吉·坎贝尔（Regi Campbell）写到了指导在人员选拔过程中的重要性。

让别人挑选你的徒弟，就像让别人帮你做投资选择一样。任何的销售人员给你打电话推销基金，你都同意从他那里购买。没有人知道你最终会得到什么，也没有人知道结果会是什么。相反，你需要有选择地挑选你认为最有领导潜力的人。你若选对了人，你就赢了，他们就赢了，大家都赢了。

2. 为双方设定期望值

人们进入指导关系带着各种假设，你知道有句话是这么说的：假设是混乱之母！我早年时期的另一位早期导师查尔斯·布莱尔（Charles Blair）曾经说过："要先相互理解，这样才不会有误解。"这条忠告非常重要，特别是在你确立师徒的时候。你需要为每个人打好基础——一个关系中的我们、你和我。我是这样安排的，当我们第一次坐在一起的时候，我就会把三种期望从头到尾讲一遍。

对我们的期望

我喜欢从我们达成共识的事情开始：

我们将维护投资回报率协议。当关系变得单向，这段关系就不会持久。如果发生这种情况，付出的那个人就会产生怨恨或后悔的情绪。指导的目的是为了给两个人都带来投资回报。只有两个人都获益，这种关系才有生命力。如果不是，那么很快就会有人想退出这段关系。我们每次见面，双方都应从这次经历中有所收获。如果没有，那么我们中的任何一个人都应明确地表示是时候结束这段关系了。于是我俩可以在任何时候离开，而不需要相互责备或感到羞愧。

我们会让对方变得更好。带着这种积极的期待走到一起，就为这次经历奠定了基调。被指导的人期望自己变得更好，但在最好的指导关系中，导师也会变得更好。这就要求双方都谦卑地带来一些东西，如果是这样，那么这将会成为一段美妙的成长经历。我认为，看问题和做事的好方法不止一种，所以明智的做法是，期望每个人都能成为我的老师。你也应该这样做，这就是指导的全部意义所在。

对你的期望

接下来，我想做的是让我指导的人知道我对他或她的期望：

你必须做好准备，我喜欢在最初的会面中请我指导的人来设定接下来的议程，我希望他们说出自己的目标是什么，他们目前遇到的问题是什么，以及我能回答什么问题。我把球交给他们。然后，每次我们见面时，我都会要求他们在我们见面讨论的前一天把自己的问题发给我。这让我有时间思考如何回答。我希望他们与我的见面要准时，准备要充分，交流要深入。

你必须不断赢取我的时间。我的时间非常有限，所以我需要充分利用它。我相信你也是如此。决定指导谁是我的选择，而不是我必须履行的义务。只要我的徒弟有进步，我就愿意继续见面。如果他们止步不前，我也得停止指导了。

你必须有进步，而不是一味地学。我希望我的徒弟能够保持专注，认真做笔记，刻苦学习。但是，学习仅凭智商远远不够。我希望看到他们有所改变，将所学到的东西付诸行动，这才是掌控成长、成为更好领导者的唯一途径，也是为什么我经常问徒弟的第一个问题，是如何将上次我们见面学到的东西应用到实践中的，如果他们回答得结结巴巴或呆若木鸡，那可不是个好现象。然而，多数时候不会出现这种情况，他们会告诉我自己的经历，再提出一些重要的后续问题。深入学习来自问题，来自实际的应用。

你必须指导其他领导者，我指导的全部原因是为了把我学到的东西传授给他人。正如我说过的，我的目的是为领导者增加价值，使他们为他人增加价值。我知道没有什么比让我指导的人去指导别人更好的倍增价值的方法了，指导的神奇之处在于价值倍增。当我指导的年轻领导者能够承担帮助和培养他人的责任时，我认为这就是一种成熟。当我指导的人把我介绍给他们指导的人时，我会打心底里高兴。这真是值得庆祝。

对我的期望

最后，我要让我的徒弟知道他或她能从我这里得到什么，以及我自己坚持的标准：

我诚信可靠，你可以放心与我分享。好的导师值得信赖，他们会建立信任的基础。沃伦·本尼斯和伯特·纳努斯（Burt Nanus）将信任称为"将追随者和领导者绑在一起的黏合剂"。建立信任可能需要时间，但这一点很重要，因为指导的深度取决于被指导者是坚强还是脆弱。我的责任是对徒弟保持真实，允许他们出现各种情绪，愿意回答任何问题，并对他们所说的一切保守秘密。信任带来的是真实，而不是完美。他们的责任是对我真实，而不是隐瞒，要保持开放心态。他们可以相信我。

我会让自己有空。有空是指你可依靠，可接近。当人们需要你的时候，他们能找得到你。我的徒弟都知道，我离他们很近，如同手边的电话那么近。他们可以随时联系上我。不过，很少有人利用这种访问权限。他们都很尊重我的时间，只有在必要的时候才会提要求。但我不仅欢迎他们给我打电话，我还会给他们打电话问问情况，确认他们进展顺利。若他们需要我的建议，我随时准备着。

我会把我最好的一面给你。我的导师总是给我他们最好的一面。我深受影响。我是他们努力指导的成果。我可能不是最好的导师，但我的徒弟将得到我最尽力的指导。我努力是为了达到为自己设定的标准。

我会为你的最大利益着想。我的指导建议永远为我的徒弟量身定制。但这并不意味着我们永远意见一致。这也不意味着我会给每个人他们要求的一切，这只是意味着，我会尽一切可能保持我的动机纯洁，把他们的利益放在第一位。

我发现，当我预先建立期望时，指导关系就会很顺利。如果我没有这样做，后期指导就会非常不顺。我相信你也会遭遇同样的情况。最后，作为导师，你想成为一个值得信赖的朋友，即使是伟大的约翰·伍德也想让我成为他的挚友。他从来不想成为我的英雄，只想为我做到最好。在他所著的关于指导的书中，他讲到了英雄和导师的区别。"英雄是你崇拜的人，而导师是你尊敬的人。英雄让我们赞美，而导师赢得我们的信任。英雄让我们惊叹，导师则是给予我们信赖。导师不是要创造一个全新的人，他们只是要帮助他人成为更好的自己。"这就是你应追求的。

> 导师不是要创造一个全新的人，他们只是要帮助他人成为更好的自己。
>
> ——约翰·伍德

3. 个性化指导，帮助领导者成功

我最喜欢做的事情之一就是沟通交流。我喜欢与人交往，带他们一同踏上情感之旅，教给他们一些能给他们带来价值的东西。但我始终铭记，那不是指导。你可以教导大众，可以培训团体，但对于个人而言，你一次只能指导一个人。

领导力专家彼得·德鲁克说过："重要的是培养一个生命，而不是教导一门课程。"这就是指导的意义。这是在管教别人，包括辨别他们所处的位置，知道他们应该去哪里，给予他们到达目的地所需的支持。指导型领导者必须善于评估人们的潜力和需求。他们必须能够了解人们哪方面需要提高和成长，他们必须认识到，正如德鲁克所说，一个人就像一朵花一样。像玫瑰需要施肥，像杜鹃花不需要肥料。如果你不给予花儿所需的照顾，它们就永远不会开花。导师型领导者要认识到他们的员工是什么类型的人，他们各自需要什么。

当你指导领导者时，要注意每个人的性格类型、学习风格、常用语言、长处、短处、内在动机、背景和历史、家庭关系、理想、志向，等等。利用你所了解的每一点，让每一位领导者都受益。

4. 要足够关心，才有关键性谈话

遇到艰难的话题，优秀的导师会毫不犹豫地与他们的徒弟展开对话。一般人会对房间里的"大象"视而不见，可他们会积极处理。很多时候，进行关键性谈话的最佳时机就是当下。因此，我建议领导者要把重大问题扼杀在萌芽期。但是，如果某次谈话对对方来说特别困难，我会说："下次我们见面时再谈吧。"这样他们就有时间为这样的谈话调整好情绪，做足准备。不过，我不太愿意等。困难话题拖得越久，就越困难，因为要找到合适的时机，也会越来越尴尬。另外，对大多数人来说，沉默意味着认可。此外，任何问题如果没有得到妥善解决，通常会像滚雪球一样，变得更加难以处理，而谈论困难话题的时间等得越长，就越不可能解决它。这样的指导就很糟糕。

在第四章中，我写到了特蕾西·莫罗。她不仅是约翰·麦克斯韦尔团队的教练和海滩美体的企业家，而且她还主持了我公司的领导力直播节目 Live2Lead 以及最大影响力的指导项目。在过去的几年里，我花了很多时间来指导她，我俩谈到不少关键性话题。最近，我问她是否愿意分享我们的对话，她非常乐意。以下是她说的话：

遇到艰难的话题，优秀的导师会毫不犹豫地与他们的徒弟展开对话。一般人会对房间里的"大象"视而不见，可他们会积极处理。

我可以相信你会告诉我真相。通常情况下，你在传递真相的时候，都会用一个问题来包装，而且总是带着一个选择——我的

选择，有了选项，我就会觉得你很重视我。在我们的指导关系开始时，你做的第一件事就是问我爱用什么样的语言，当你发现我喜欢肯定的语言时，你一定会用我的语言和我交谈。但这并不是说你只会给我赞美和肯定，虽然你确实如此。我最看重的是，你说的话语是在帮助我成长，那是很多人都没有福气听到的，心爱的、值得信赖的导师讲的逆耳忠言。

曾经几次在我犹豫不决的时候，你向我提出难题，让我做出决定，给我打电话指出被我拖延或没有解决的问题。你在我需要行动却意志消沉的时候，向我发起挑战，以饱含爱意的方式与我共同分析问题的真相，这是我在除了父母或丈夫之外接收到的最有爱的方式。我很惊讶，不知何故，你与我分享见解，总能激发出我最好的一面，从不会让我失望。你的话召唤出我内心那个坚韧不拔的领袖，而不是让我觉得自己很渺小。

我们有一次会面非常特别。那时，我刚在公共场合采访了某位大人物，却忘了与观众沟通。这次采访我表现得平淡无奇。我知道有什么地方不对劲，但我身在其中，看不出自己做错了什么。我迫不及待地想得到你的反馈。对大多数人来说，听到一位沟通大师对某项工作没有做好的反馈会感到很害怕，但对我来说，我已经感到自己做得糟糕得不行了，那次采访已经让我难过极了。我想剖析一下自己的表现，看看哪里出了问题，因为我知道你愿意帮助我，你会直截了当地给我指出来。

你陪着我回顾自己的错误，你的语气亲切和蔼，你的反馈不遮不掩，不加修饰。那天我学到了两个道理：如何不失去与观众的联系，同时学到了如何在他人刚刚经历失败时指导他们。

从与你的对话中，我总是知道自己需要做什么才能继续成长，总是能感受到真正选择成长的自由。从你的脸上我能读到，从你的声音中我能听到，你完全相信我有能力为了自我成长去做该做的事。听到残酷的真相并不有趣，但不知为何，我总是期待收到你的反馈。我想，其根源就在于信任。

这样的反馈，每个导师都会倍加珍惜。我相信特蕾西很有潜力，希望给予她最适合她的东西。我对我的每一个徒弟都有这样的感觉。他们就像我的儿女一样，我想把他们最棒的一面发掘出来，想要见证他们成为最优秀的人。要做到这一点，唯一的方法就是讲出那些难以开口却对他们有帮助的话。

在你进行关键性谈话时，你要告诉对方她需要听到的东西，这是为了她好，而不是为了你好。是的，你应该用一种最能让对方接受的方式来表达。但是你所表达的信息应该对他们真正有帮助。有时候，导师是唯一一个愿意讲真话的人。这也是谢瑞·莱利为亚瑟选择这个人设的原因。谢瑞知道，作为一个年轻人，除了母亲之外，没有人真正关心他，真心愿意告诉他他需要听到的东西。

关于关键性谈话，还有重要的一点需要说明。这类谈话应该是双向的。我们需要像自己的徒弟一样，敞开心扉听真话。这就是为什么我允许我所有的下级领导者对我的人生发表意见。我希望他们在发现我有需要的时候能够勇敢站出来，与我进行关键性谈话。达美航空的首席执行官，我的朋友埃德·巴斯蒂安也抱着同样的态度。他对自己的核心领导圈说："告诉我，哪些事我应该停止做……哪些事应该继续做……哪些事应该着手开始做。"这句话出自世界上最大的公司之一的领导者口中，尤为罕见。

对于每个导师和被指导的人来说，指导的过程都是不同的，理应如此。这是一种非常个人化的过程，但结果应该是相同的。被指导的领导者其领导力应该提高到更高水平，指导的最终步骤是徒弟从导师手中接过接力棒并超越他。

我读过一则非常触动人心的故事，说明了这个道理，它可能是杜撰的，不过我依然喜欢它：

这是关于莱昂纳多·达·芬奇（Leonardo da Vinci）的故事。据说在他还是学徒的时候，在他的天才迸发夺目光彩之前，他的灵感是这样得到启发的：他的师父远近闻名，但因为他年龄越来越大，体弱多病，不得不放下自己手中的工作。有一天，他让达·芬奇帮他完成一幅画作，这幅画他已经开始动笔画了一部分。年轻的达·芬奇对师父的绘画技艺崇敬得五体投地，他感到压力巨大，想要退缩。然而，老画家不接受他提出的任何借口，坚持要求他按照自己说的做，只说了句："尽力而为吧。"

最后，达·芬奇颤抖着手抓住画笔，跪在画架前祈祷："为了我敬爱的师父，请赐予我技巧和力量吧。"他开始了作画，手越来越稳，他的双眼被沉睡的天才惊醒了。他忘我地工作，满腔热情，挥汗如雨。画作完成之后，老师父被人抬进画室，去点评画作。看到这幅杰作，他激动地张开双臂拥抱这个年轻画家，大声呼喊：

"我的孩子，我不再作画了。"

这就是一个伟大的导师最想看到的。他希望把自己一生的经验都倾注在徒弟身上，看到徒弟超越自己，就是导师的杰作。我们也许永远也达不到，但我们应为之奋斗，永不停歇。

Chapter 9

第九章

复制领导者
教会他们培养新的领导者

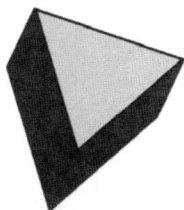

保持组织正常运行和持续盈利的关键因素是什么？一个好的
领导者。发展一个组织的关键因素是什么？一个好的领导者。为
组织带来积极变化的必要条件是什么呢？答案还是一个好的领导
者。每个组织都需要更多、更好的领导者，唯一限制组织发展的
是它所培养的优秀领导者的数量。

> **唯一限制组织发展的是它所培养的优秀领导者的
> 数量。**

为什么我要这样说呢？因为《领导力21法则》中的"盖子
法则"已经指出，领导力决定工作效率。

个人的领导能力越强，他或她能取得的成功就越大，产生的
影响力就越大。而一个组织拥有领导能力强的人越多，成功的潜
力就越大。组织内部领导者的质量和数量决定了这个组织的盖子
高度。

这里还有一个法则。《所向披靡：打造卓越团队的17条法则》
中的"替补席法则"，说的是伟大的球队都有深度。一支球队拥
有的优秀球员越多，球队就越好，在这种情况下，这些球员就是
领导者。为什么这样说呢？

·优秀的替补席能让球队的容量得以扩大；

·优秀的替补席能给球队带来更大的灵活性；

·优秀的替补席能给球队带来长期的可持续发展；

·优秀的替补席能给球队多种选择。

 我学习这些经验的过程非常艰难，因为我在正规教育中很少接受领导力培训。我的本科专业是神学。坏处是我虽获得了三个学位，但从未上过领导力课程。好处是我一生都在接受领导力教育。我给人们讲到这些经历时，有些人会很失望，但不要担心——我并不是要让你改变信仰。我只是想与你分享一些原则，这些原则都关于领导力，而且都经受了检验。

  当我领导我的第一个组织时，并不了解领导力的重要性。因此，在我离开时，没有人能继续我所开创的事业，也没有人能建立新的东西。一切就这样逐渐消失了。

  我第一次接触到"复制领导者"的概念，是在我终于懂得了一段故事，讲的是身为世界级领袖的保罗写给他所指导的年轻人提摩太（Timothy）的信。保罗嘱咐提摩太："把你从我这里学到的传给那些有能力教导别人的可靠的领导者。"保罗已经将提摩太装备妥当，已准备好去带领他人，可他还在继续指导他。在这封信中，他明确指出，提摩太有责任装备和指导其他领导者。那他们该怎么做呢？通过教导和装备别人来继续传承下去。仔细想一想，这一段文字的意思是，领导者会继续复制下去，至少达到第四代：（1）从保罗到提摩太；（2）从提摩太到可靠的领导者；（3）

从可靠的领导者到其他人;(4)这就是复制。从一位领导者到另一位领导者。

这个故事改变了我的工作重心,给了我新的目标:复制领导者。五十年来,我的理想一直是复制领导者,让他们再继续这个过程,复制其他领导者。我开始投资有潜力的人,从未停止过。在我有能力培养领导者之后,我便努力效仿保罗,成为他那样培养出能复制其他领导者的领导者。这本身就是一个发展过程,因为我必须增强自己的这种能力。

对于已经取得一定成功的领导者来说,有一种诱惑真实存在,那就是安于现状。领导力的攀升可谓异常艰苦,有些人很享受高高在上俯视大众的感觉。他们想就此驻足,停下来闻闻玫瑰花的香味。但这可不是成就领导力的最终目的,最好的目的是利用你所学到的一切,向他人伸出援手,帮助他们成为领导者,然后教他们为其他领导者做同样的事情。

杰克·海福德(Jack Hayford)帮助过我以及许多其他领导者。他不仅向我展示了许多领导技巧,还在我50多岁心脏病发作时,打电话慰问我,在我康复期间,代替我履行演讲承诺。他真的是我的良人!

杰克培养了许多领导者,其中之一是作家马克·巴特森(Mark Batterson),他这样描述杰克教给他的东西:

在我20多岁的时候,跟杰克·海福德在他的牧养学校度过一个星期,那段时间改变我的做事方式和以后的事业道路。杰克现在已经80多岁了，他耳聪目明、智慧机敏，在不久前的一次牧师聚会上，还分享了他的秘诀。这个秘诀非常简单却又如此深刻，那就是要与自己对着干。

我们想要不付出就成功，人生不是这样的。成功不会被辜负，前提是你必须付出代价，而且它从不打折。你能为自己做出的最好的决定，就是与自己对着干。你必须约束自己，日复一日、周而复始、年复一年地做正确的事情。坚持下去，你的收获将远远大于你的付出……

现在让我们看看实际生活中，这个观点是如何应用的。想要摆脱债务，你就得在经济上跟自己对着干，这就是所谓的坚持执行预算。想要保持良好的身材，你就必须跟自己的身体对着干，去健身。

杰克的秘诀适用于领导力培养，想要拥有更多、更优秀的领导者，使组织取得成功，必须付出代价。你需要跟自己干，把时间投入到培养领导者上，不能安于现状，不思进取，或躺在过去的功勋册上。如果你想成为一个复制型领导者，就必须有所作为。

我认为，要成为一个复制型领导者，必须完成六个层次的成长。

1. 有能力做好自己的工作。

2. 在工作中帮助他人成长。

3. 在工作中复制自己。

4. 为提升领导力提供机会。

5. 做好准备带领他人，帮助其达到更高的水平。

6.拓展能力，与正在成长的领导者建立师徒关系。

有些人可以很快胜任工作，有些人则需要很长时间才能做好本职工作。有些人在整个职业生涯都专注于如何把自己手里的事做大做强，他们从来没有想过要帮助别人学会如何做他们所做的事，但我认为大多数人都愿意帮助别人学习和成长，至少要走到第二个成长阶段。

要真正复制自己，帮助别人学会做你的工作，需要一定的技巧和敬业精神。然而，如果你这样做并持续这样做，那么你就会来到领导责任的更高层次。那时，你可以采取下一步，再次启动复制过程，只不过这次你要培养的是领导者，而不是普通员工。

成长的最高境界是培养一代又一代的领导者，当你培养出一位领导者，而这位领导者又能在你不直接参与的情况下培养出其他领导者时，就会产生世代相传的倍增效应。

发展复制文化

如果你想达到更高层次的成长水平——同时鼓励组织内的其他领导者也这样做，需要创造一种促进复制领导力的文化。做到这一点，培养领导者就会成为常态。相反，如果一个组织文化不以复制领导力为先，人们就会执着于死守自己的地盘，而不是通过培养更多的领导者来扩大领地。这种稀缺心态限制了个人和组织的成长，吸引到的都是思想局限的人。结果组织获胜的概率就越来越少，未来发展的可能性也就越来越小。

要发展复制领导力文化，你需要具备并确保组织中其他人也满足以下这五种期望。

1. 团队领导者是主要的文化载体

你所领导的团队或组织的文化从你自己开始，你必须树立榜样，培养这种文化，监督并激励它。在你所有的责任中，你必须把创造复制领导力文化放在优先事项，你要为其他人的成长和发展树立榜样。作为福乐鸡公司的高绩效领导力副总裁，马克·米勒肩负着这样的责任。他说："我们相信领导力将成为我们的主要竞争优势，我们希望我们的组织可以自豪而自信地说'领导者在我们这里产生'。"我喜欢这句话，每一个想要创建领导力文化的组织都应该采用这句话。

在我致力于领导那些注重领导力发展的组织时，我会努力树立"六 C 文化"的行为典范，你也应该这样做。

品格（CHARACTER）——成为什么人。 一切都始于坚强的品格，这不是随口说说就行的，品格与个人行为息息相关，是做人的核心。你必须诚实守信，尊重他人，为他人提供最好的服务，并竭力帮助他人。

清晰（CLARITY）——展示出来。 你必须自己花时间培养领导者。你需要亲自参与其中，你的团队成员看到你这样做，才会明白该怎么做，以及为什么这么做。

沟通（COMMUNICATION）——说出来。 你必须经常谈论领导力的培养，让这样的话语成为你们的共同语言，成为日常对话的一部分。

贡献（CONTRIBUTION）——创造它。如果你是领导者，你就要承担责任。你需要承担起培养领导者的责任，其他人才会这样做。当有人站出来说"我会承担责任"时，整个团队就会变得更强大。

持之以恒（CONSISTENCY）——坚持去做。培养领导者绝非一劳永逸，需要每天的用心浇灌。为什么这么说呢？因为对更多、更好的领导者的需求是永无止境的。

庆祝（CELEBRATION）——纪念它。当领导者的发展不断得到认可、奖励和庆祝时，领导者文化就会在组织中得到提升，继而融入组织文化中。每位领导者都渴望融入其中，成为一分子。

阿瑟·戈登（Arthur Gordon）说："说起来容易，做起来难。没有什么比日复一日地实践更难的了。你今天做出的承诺，必须在明天以及此后的每一天，得以更新和重新审视。"只有领导者日复一日地树立领导力发展的榜样，每一个团队成员才会认识到它的重要性。如果领导者忽视领导力或把领导力发展委托给别人去完成，那么就会传递出这样的信息：这不是一个高度优先的事项。

> **说起来容易，做起来难。没有什么比日复一日地实践更难的了。你今天做出的承诺，必须在明天以及此后的每一天，得以更新和重新审视。**
>
> ——阿瑟·戈登

2. 每个人都应指导他人

领导力文化的模式是自上而下推行的，但这种文化的成长是自下而上的。这意味着什么？它看起来像这样：

· 每个人都有一个人来指导他自己；

· 每个人都有可以把自己的指导经验分享给别人；

· 每个人都有指导的对象。

复制领导力环境是刻意营造出来的，意在发起一场指导运动。教与学都是正常的，也是人们所期待的，没有人非得当上领导才行。每个人都参与其中。大家互相学习，持之以恒。每个人都在分享经验。成长就会发生，也是大家所期待的。

打造这种环境需要人们相互挑战，走出舒适区，需要提出具有挑战性的问题。在 *Starting Strong* 一书中，作者洛伊斯·J. 扎卡里（Lois J.Zachary）和洛里·A. 费施勒（Lory A.Fischler）列出了几个非常不错的关于学习目标的问题，可以在培养他人的过程中使用。

· 你上一次强迫自己走出舒适区是什么时候？

· 要怎样才能让自己走出舒适区？

· 有什么事情是自己一直不敢尝试的，对你来说具有挑战性的？

· 你还欠缺哪些知识、技能或经验？

· 对于自己目前的学习，我能为你做什么？

你至少得拥有成为培养他人的导师的心态，而且每天都要多加练习。一旦你踏踏实实做下去，组织文化就会发生变化，组织潜力也会随之扩大。

3. 领导者要注重培养领导者，而非招募追随者

一个有才能的领导者往往很容易吸引和招募追随者，尤其当这个领导者很有魅力或有令人信服的愿景，但一个组织的未来取决于培养出更多、更优秀的领导者，而不是招募更多、更好的追随者。

那些专注于招募追随者的领导者实际上是在缩小组织，而不是扩大组织。我在丹尼斯·怀特利（Denis Waitley）所著的 *The New Dynamics of Winning* 中读到过一个故事，巧妙而形象地描述了这种收缩效应。

广告公司巨头奥美广告公司的创始人大卫·奥格威（David Ogilvy）曾经给组织里的每位新经理赠送了一个俄罗斯套娃。每个套娃里有五个玩偶，一个比一个小，最小的玩偶里面装着一张小字条，上面写着："如果我们每个人都只用比我们更弱小的人，那么我们将成为一家小矮人公司。但如果我们每个人都聘用比我们强大的人，奥美将成为一家巨人的公司。"致力于寻找、聘用和培养巨头吧。

也许你见过这种一个套一个的俄罗斯套娃，叫作玛特罗什

卡，在俄罗斯到处都有卖。有的套娃制作得非常精致，十几个木娃娃，一个比一个小，小娃娃依次嵌套在大娃娃的里面。若领导者只招募追随者——而这些追随者也只招募他们的追随者——就会缩小组织的领导规模。然而，若领导者专注于培养他人，就会扩大组织的领导力规模和潜力。

《领导力引擎》(*The Leadership Engine*) 一书的作者诺埃尔·蒂奇 (Noel Tichy) 说："成功的公司之所以成功，是因为它们拥有优秀的领导者，它们在组织的各层面培养其他领导者，促进公司不断发展。"要明白，需要一位领导者来复制另一位领导者，这一点至关重要。非领导者是培养不出领导者的，机构同样如此，领导者需要去了解一个人，去展现一个人，然后培养一个人。

> 成功的公司之所以成功，是因为它们拥有优秀的领导者，它们在组织的各个层面上培养其他领导者，促进公司不断发展。
>
> ——诺埃尔·蒂奇

4. 不断脱离自己的工作，提升自我

在第五章"装备领导者"中，我描述了优秀的领导者如何自我锻炼，摆脱事务性工作。要想复制领导者，其中一个关键的转变就是少关注你个人能完成什么，更多地关注你可以通过他人完成什么。

在复制领导者文化中，领导者不断地成长，摆脱事务性工

作。当他们担任一个新的角色或被安排在一个新岗位上时，一旦掌握了这项工作，他们就会开始装备他人来替代自己。最好的领导者也会在领导力上培养他们的替代者。

讲师菲利普·内申（Philip Nation）介绍了这一过程。

作为领导者，我们要自我替换。如果你没有准备好让别人取代你的位置，或超越你的能力，那么你就不是真正的领导者，这很容易判断。通常情况下，执着于保住领导岗位是源于内心想要"命令和控制"。这是马基雅维利（Machiavelli）所著的《君主论》（*The Prince*）中提到的领导力，这种领导者只是希望人们加入工作团队，却从不放手让他们去从事任何其他的工作。

通过培养他人接替自己的工作，不断进行自我成长，自己的能力也会得到提升，就可以从组织中解脱出来，去做更大、更重要的事。这不仅能使他们向上发展，也可以为他们身后人的崛起腾出成长空间。

我很喜欢 NFL。成功的球队都会复制领导力文化。从要求老球员指导和培养年轻球员之中，可以看出这一点。而在优秀教练培养助理的方式中，这一点尤其明显，教练不仅要帮助助理干好手里的工作，还要培养他们的领导能力，使其提高至更高水平。如果你看到 NFL 中大多数顶尖的主教练，就可以推测出是哪些教练培养了他们，早期是哪位教练，甚至可以追溯到更早的教练。领导力培养的链条往往可以追溯到很多代人，跨度达数十年之久。

如何衡量人们在工作中的自我成长？针对你的每个下级领导者的不同情况，提出以下问题：

· 在这个团队中，追随者是否比领导者多？
· 领导者是否年复一年地做着同样的工作？
· 领导者每天工作时间很长吗？
· 领导者什么事都亲力亲为吗？

如果这些问题的答案是肯定的，那么领导者就没有让自己从工作中真正成长起来，也没有帮助组织培养未来的领导者。你需要和他们见面谈谈，帮助他们弄清楚为什么自己会被卡住，停滞不前。

5. 领导者不仅是导师——还是投资人

为了写好第八章谢瑞·莱利的故事，我与她交谈多时，其间她向我解释了代理人、导师和投资人之间的区别。她说，代理人就是一个代言人。导师对你倾注心血，为了帮助和引导你。但投资人实际上为你打开了大门，让你能通过它来获得成功。本质上，投资人说，"这儿有机会"，你所要做的就是走过去，展示自我。

经济学家、人才创新中心的创始人西尔维娅·安·休利特（Sylvia Ann Hewlett）写过关于投资人的价值：

谁在支持你？谁为你撑腰？谁把你推进竞技场？
很有可能这个人不是导师，而是投资人。

现在不要误会我的意思：导师依然很重要。你绝对需要他们——他们会给出有价值的建议，建立自尊，并在你不确定的时候提供不可或缺的平台，但他们不是你通往巅峰的门票。

如果你希望在职业生涯中得到快速提升，获得下一个热门任务或赚取更多的钱，你需要的是一名投资人，他也会为你提出建议，提供指导，但他们会在更重要的方面发挥作用。尤其是：

· 相信你的价值和你的潜力，并把自己的声誉与你联系在一起，为你冒险。

· 有能力为决策发声，愿意成为你的拥护者，为你争取你应得的薪资或晋升。

· 愿意给你提供最新信息，让你敢于承担风险。在这个世界上，如果领导者在自己的权力范围内不允许员工犯错，总是苛责，就没有人能够成就伟大。

导师有时可能是被动的老师。但在成功培养领导者方面，投资人发挥着非常重要的作用。

在我三十出头那会儿，汤姆·菲利普（Tom Phillippe）作为我的投资人，他看到我的潜力，帮我打开攀登成功阶梯的大门。当我需要被推荐时，他推荐了我。当我失败时，他帮我重新站起来。当我被批评时，他为我辩护。当我成功时，他为我欢呼庆贺。当我做一些蠢事时，他愿意保护我。当我需要变得更成熟时，他耐心地对待我。

他走在我前面，帮助我扫清前进道路。他走在我身边，鼓励我勇敢迈出每一步。他走在我身后，为我提供服务。有他常常陪伴在身边，我受益匪浅，而他总是全心全意支持我。

即使后来我慢慢开始越做越成功，他还继续为我说话。四十年来，他一直在我身上投资。因为他，我走得更远，爬得更高。汤姆为我的生命注入了潜力，总是第一时间支持我。我永远心存感激。2018 年，他与世长辞，享年 89 岁。我非常思念他。

如果你想成为一名复制型领导者，请先成为投资人。装备他人去完成工作是非常棒的，但不要只是装备。指导他人成为更好的人和领导者也非常了不起，但不要只是一味指导。要为他们打开一扇大门。为他们说话。要站在一线，帮助他们成长为成功的领导者。为他们取得成功铺平道路，如果他们超越了你，那么，让自己成为他们的啦啦队队长吧。

培养"3G"领导者

如果你成功发展了可复制的文化，那么领导力的发展就会融入组织的结构中，那么你真正要追求的是什么？你想培养什么样的领导者？我相信你需要创造"3G"领导者，我就是这么做的。我在选择领导者时，会寻找"3G"的证据。他们必须脚踏实地（Grounded）、天资聪慧（Gifted）、不断成长（Growing），在培养他们的过程中，我要看到他们在这些方面有所发展，才会继续与他们合作。

我们分别来看看这三个方面。

1. 脚踏实地——拥有让他们稳固的基础

物以类聚，人以群分，这是一个普遍规律。我看中的是那些基础扎实、脚踏实地的领导者。我这样说是什么意思？以下是我认为脚踏实地的领导者所拥有的特点：

谦逊

我的导师约翰·伍德是我见过的最谦虚的领导者。他常挂在嘴边的一句话是："天赋是上天给的，要谦虚，名气是他人给的，要感恩，自负源于自己，要小心。"这句话对领导者来说，很有警示意味。

可塑性

才能过人的领导者往往意志坚定，自信满满。这些都是好品质，然而，才能也会使人变得顽固不化。一个不愿意改变、没什么学习欲望的人，是很难教的。你不能把时间浪费在一个不愿学习、拒绝改进的人身上。那么，你想要培养一个人，应该从他身上寻找什么品质呢？试着与你想指导的人谈谈可塑性的几个阶段：

（1）不愿征求意见；

（2）不想要建议；

（3）不反对建议；

（4）确实会听取建议；

（5）欢迎建议；

（6）积极寻求建议；

（7）愿意听从别人给的建议；

（8）为别人提出的建议点赞。

看他们处在上述阶段中的哪个阶段，你选择与之合作的领导者至少应达到第三个阶段。至少，他们不能反对建议。如果他们处于后面几个阶段，那就更好了，但相比于他们所处的阶段而言，他们的持续进步才更重要。你的目标是帮助他们进入第八个阶段。这才是优秀领导者的归宿。

真实

真实性是领导层的新权威，而不是权力或地位。

真实的人能意识到自己的优势和弱势，不会妄想成为什么人。你所选择的领导者应该对自己的身份有清晰的认识，他们既不会妄自尊大，又会不妄自菲薄。他们接纳自己的肤色，认同南非前总统纳尔逊·曼德拉（Nelson Mandela）的话："我从来不是圣人。我希望人们记住我是一个有优点也有缺点的普通人。"

成熟

许多年前，专栏作家安·兰德斯（Ann Landers）写了一篇关于成熟的精彩文章，文中她将成熟描述为乐意等待、坚持不懈、自我控制、为人正直、勇于担当、诚实可靠。这是一种能够说出"我错了"的勇气，是遵守承诺、决策果断、贯彻执行的能力。她最后写道："成熟是与我们无法改变的世事和平共处的艺术，是无论付出什么代价，都敢于改变应该改变事物的勇气，也是明辨是非，求同存异的智慧。"这就是真正的成熟。

诚信

我的朋友奥兰多魔术队的高级副总裁帕特·威廉姆斯（Pat Williams）曾说："航行的主要规则之一就是这样：船要想在风暴中不倾覆，水面以下的部分应该比水面上的部分质量更大。这正体现了诚信。表面之下的部分最好比你展示给世界的部分要多得多，否则你永远无法平安度过人生的暴风雨。"我认为这种品质是指内心比外表强大，你选择的领导者应该说到做到，并且言之有物。只有如此，他们才有力量带领别人面对任何风暴，而不至于倾覆。

谦逊、可塑性、真实、成熟和诚信为建立强大的领导力提供了坚实的基础。如果在培养领导者的过程中过于关注"如何做"，而对人的坚强核心不够重视，其结果可能是肤浅而短暂的。与踏实的人一起工作——强化这种脚踏实地，你可以深入培养领导者，无论他们面临什么，内心都是坚实而强大的，而这一点很重要。我曾经听退役的 NFL 教练托尼·邓吉（Tony Dungy）说过："为胜利而战时，你会安排一个不可靠的人上场吗？"答案是否定的。领导者脚踏实地，才值得依靠。

2. 天资聪慧——拥有助其成功的先天优势

我最喜欢的一句谚语是："人的天赋决定了发展空间。"这是什么意思呢？能力决定潜力，天赋是领导者成长及成功的第一步。

什么都替代不了天赋的不足。教练圈流传着一句老话：上天遗漏的东西，没有人能弥补。或者正如我的朋友、传奇教练卢·霍尔茨（Lou Holtz）在午餐时说的一句话："我教过优秀的球员，也教过差一点的球员，遇到更好的球员，我就会教得更好。"我想这对任何一位领导者都是同样道理。团队中的领导者越有天赋，越有才华，团队就越有可能成功。

为什么天赋如此重要？

天赋带来优势——别滥用

有天赋的领导者看得比别人更多、更远。即使在遥远的地平线上，他们也能准确地发现问题，在别人还未察觉之前，发现解决方案，他们的本能往往会影响他们的决策能力。所有这些都是他们的独特优势。

面对天资聪慧的领导者，你需要让他们明白，要用自己的天赋来推动团队和组织的发展，而不是获取个人利益。领导者每天都应该自问："我的天赋是用在自己身上，还是用在他人身上？"

> 领导者每天都应该自问："我的天赋是用在自己身上，还是用在他人身上？"

天赋造就机会——不要错过它

凯文·霍尔（Kevin Hall）在他的《渴望》（*Aspire*）一书中写道："我相信，高效的人不是以问题为中心，而是以机会为中心。机会的本源是港口，意思是由水路进入某个城市或商贸区的入口。早年间，当潮水和风向合适港口开放的时候，它就允许进行商业、访问等活动，但只有那些认识到开放的人，才能利用开放港口的机会。"

你要让天资聪慧的领导者做好准备，去抓住未来的机会。这一点很重要，因为没有人可以等到机会来临时才着手准备，到那个时候，一切就太晚了。得到机会时，我们就要跳起来，抓住它。

有天赋也要谦逊——以身作则

你有没有突然收到过什么奇妙的礼物？也许童年的某个生日或某年的圣诞节，你记忆犹新，你的父母送给你一份特别的礼物，或者你的兄弟姐妹或亲密好友送给你一份礼物和祝福，或者你的配偶在周年纪念日或其他特殊场合送给你一些特别的东西。当时你感觉如何，感激、兴奋，还是受之有愧？

当你收到礼物时，不应该沾沾自喜——因为这是一份礼物。无论我们与生俱来什么样的天赋和能力，都不能觉得自己理所应当。我们没有为它做任何努力，不应该心安理得拥有它，我们应该心存感激，充分利用它。但请记住这是天赋，让自己保持谦卑。正如我的导师弗雷德·史密斯（Fred Smith）所说："天赋大于个人。"作为一个有信仰的人，我承认我所拥有的任何恩赐都是上天赐予的，我心怀感恩之情。上天为我做了许多我无法独自完成的事。但是，你不必是一个有信仰的人才能承认你没有赢得自己的天赋。

作为一位领导者，你需要保持谦逊的视角和榜样。若你培养的领导者没有这样的视角，你要帮他们看到这一点。天赋为他们打开了大门，努力工作使大门保持开放，而穿过那扇门是为了帮助他人。

天赋需要责任——诚心接受

在我成长的过程中，我的父亲经常对我说："对谁赐予得多，就对谁索取得多。"这种充分利用自身天赋的责任感融入我的体内，已经成为我的一部分。正如我在第四章中提到的，1915年科学家兼教师乔治·华盛顿·卡佛说过："任何人都没有权利进出这个世界却丝毫不留下属于自己的独特痕迹，也没有权利毫无理由地来这世上走一遭。"这句话设定了一个很高的标准，但我相信，针对领导者的标准只会更高，因为他们往往拥有更大的天赋，有能力产生更大的影响。

如果你能鼓励你的领导者承担起责任，最大限度地发挥他们的天赋，利用自身天赋来培养其他领导者，他们就能大有可为，可以让世界变得更美好。

3. 不断成长——拥有被开发的饥渴和能力

最后一个 G 与成长有关。领导者拥有被开发的饥渴和能力的标志是什么？很明显他已经开始成长，我们讨论的是复制领导者，也就是愿意培养其他领导者的领导者，所以成长模式必不可少。你打算培养的领导者必须：

· 已经在成长；
· 了解成长过程；
· 能看见他将培养的领导者的成长；
· 有能力促进他人成长。

你需要帮助领导者努力成长的最重要的一点是学会思考，这就是区别成功者与失败者的关键所在，两者的思维方式有差距。当你培养领导者并向他们展示如何发展其他领导者时，挑战他们的想法。

帮助他们更好地思考

领导者绝不能坐等别人代为思考。优秀的领导者都是积极主动的，他们接受新的观点，采纳新的做事方法，他们会考虑无形的因素，如文化、士气、时机和动力。他们能深入研究细节，但他们总是以大局为重，能够迅速判断形势，根据所掌握的信息以及自己的直觉做出决策。

培养领导者时，最重要的就是让他们知道你的想法以及原因，让他们参与到高层会议和讨论中来，让他们学习你和其他高层领导的思考方式。他们与优秀的思想家接触得越多，应用所学知识的实践越多，他们的思维能力就会越好。

> 培养领导者时，最重要的就是让他们知道你的想法以及原因。

鼓励他们更深层次思考

大多数人思想太狭隘，优秀的领导者需要实现远景目标，实现团队利益而进行深层次的思考。正如作家兼教练大卫·J. 施瓦茨（David J. Schwartz）所说："一个人成功与否不是以身高、金钱、学位或家庭背景来衡量的，而是以思维的宽度来衡量的，思维的宽度决定了成就的大小。"不要让领导者小瞧了自己，也不要小瞧了他们正在培养的领导者。人们通常会达到领导者的期望水平，向你培养的领导者表达你对他们的信任，推动他们将自己的信念投入到他们正在领导和培养的人身上。谈到信仰，如同水涨船高。

让他们有创造性地思考

我认识的最优秀的领导者都不按常理出牌，他们喜欢多项选择。他们不仅相信每个问题能得以解决，且相信解决方案不止一种，他们会努力找到最佳的解决方案。

帮助你的领导者开发创造性思维能力。鼓励他们突破界限，不拘一格，让他们保持开放的态度，利用团队内部的创造力，勇于创新，力求高效。

238

期待他们为人着想

领导责任增加，压力也随之增强。在高压的情况下，一些领导者会逐渐忘记员工的重要性，他们更多关注的是结果和体系，他们所做的一切工作都是为了赶进度。但是，领导力从来都是与人有关。如果没有员工的参与，你就无从领导。如果你所做的事情不能使员工受益，那么你作为一位领导者，就失去了方向。

无论领导者职位多高，无论他们的责任有多重，无论他们的组织有多大，无论他们取得多大的成功，员工永远是最重要的。优秀的领导者应不断为员工着想，思考如何为员工增值。

如果你能创造出一种复制型文化，其中领导者的发展是正常的、众人预期的、普遍存在的，如果你能亲自培养"3G"领导者，把他们的潜力发挥到极致，坚持把培养领导者作为最高目标之一，你就会创造出一个领导密集型的组织，拥有一大批优秀的领导者以及未来的接班人。这样的组织永远不会缺失领导者，永远有能力追逐任何机会。

当其他组织都在努力寻找下一步的发展方向时，你的领导者会先一步发现机会。当其他组织为实施计划争先恐后地四处招人时，你只需从自己的替补席中挑选出领导者。如果培养领导者成为组织中每个人的生活方式，你就会自然而然获得成功。而你也将带领自己和组织收获培养领导者的最高回报。复合，这也是最后一章的主题。

Chapter 10

第十章

复合领导者
收获培养领导者的最高回报

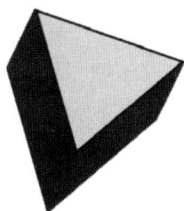

多年前，我尚处于职业生涯早期，决定参加一些商业课程，以便成为财务领域更好的领导者，在我的一门课上，一位经济学教授教授了帕累托法则，也就是通常所说的二八定律，它改变了我的生活。这个定律是 20 世纪初由意大利经济学家维尔弗雷多·帕累托（Vilfredo Pareto）提出，当时他注意到普遍存在于生活各个方面的现象。这条法则的基本含义是，任何群体中的 20% 为其在特定类别中的 80% 的成功做出了贡献。

· 20% 的工人生产了 80% 的产品；

· 20% 的销售人员完成 80% 的销售任务；

· 20% 的产品回报占总收入的 80%；

· 20% 的人口拥有 80% 的财富；

· 20% 的联盟球队赢得了 80% 的冠军奖杯。

你懂的，实际的统计数字纵然各不相同，并非每次都恰好是 20% 和 80%，不过数字通常相当接近。你会发现，这种模式几乎存在于所有事物之中。

这有什么意义呢？首先，它与大多数人的直觉截然相反。我们倾向于认为事物是平均分配的，比如一个团队中有五个人工作，我们认为他们会平均分担工作任务，事实并非如此。如果要向 10

个捐赠者募集 1 万美元，我们通常认为，如果每个人都捐出 1000 美元就够了。但事情从来都不是这样的，有些人一分钱也不肯捐，而通常大约 8000 美元是其中的两个人捐赠的。

当教授解释到这儿时，我立刻明白了。直觉告诉我，帕累托法则很有可能改变我的人生。我意识到，做几件重要的事情比做许多不那么重要的事情获得的回报更大。按照帕累托法则，如果我把排在 20% 的事情作为优先事项，集中精力做好，那么这将给我带来 80% 的回报。我需要专注于此，有意识地这么做。

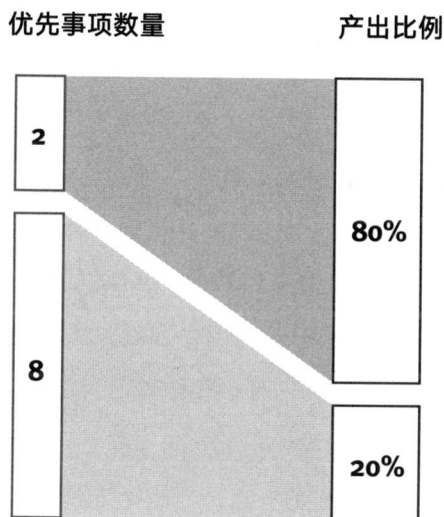

优先事项数量 **产出比例**

2

8

80%

20%

我立即开始将帕累托法则应用于工作上，也随即改变了我的工作效率。它让我明白，不应该只埋头工作，碌碌无为。每天我都会用到这条法则。

比如待办事项清单上有十件事，我不会直接开始一项接一项地做。首先，我会按事情的重要性或价值优先对其进行排序，然后我把时间投入到最前面的两件事上。这样我可以收到持续不断的高回报。一次又一次，这种进步并非源于我多么努力地工作，而是源于我更聪明地工作。

我也意识到，可以把帕累托法则全面地应用到自己的人生中。如果我的人生中有十个主要的优先事项，我只需选择前两个，全身心投入，努力做好。当时，我的前两位优先事项是成长与播种，这两件事一直是我的重心所在。我对此高度重视，不过我现在把这两个事项改为个人成长和为他人增值。

近五十年来，我一直在使用帕累托法则，它对我的帮助极大。在撰写这本书的时候，我读了一篇摄影师兼作者詹姆斯·克利尔（James Clear）的文章，他深入研究了帕累托原则。例如，克利尔观察到，在 NBA 中，20% 的专营权合作队夺得了 75.3% 的冠军，其中波士顿凯尔特人队和洛杉矶湖人队获得了 NBA 历史上近一半的冠军。而在足球运动中，虽然有 77 个的国家参加过世界杯，但仅 3 个国家——巴西、德国和意大利——赢得了前 20 届世界杯中的 13 届冠军。

我非常钦佩克利尔的一点是，他将二八定律向前推进了一步。他讲到了所谓的 1% 法则："1% 法则是指在某个特定的领域中，随着时间的推移，大部分的奖励将累积到那些比其他高出 1% 的人、团队和组织身上。你不需要做得比别人好上一倍，只需要稍微好一点，就能得到别人两倍的收获。"克利尔举了一个自然界的例子来讲解这个原理。

试想，两株植物并排生长，它们每天都会争夺阳光和土壤，如果一株植物比另一株植物长得快一点，那么它就能伸展得更高，捕捉到更多的阳光，吸收到更多的雨水。第二天，这些额外的能量让那株植物长得更快，这种模式一直持续到较强的植物将另一种植物排挤出去，占据了大部分的阳光、土壤和养分。

占据有利位置的植物会胜出，更有能力去传播种子，繁殖后代，让这个物种的下一代拥有更大的生存空间。这个过程将不断重复，直到比竞争者略胜一筹的植物主宰整片森林。

科学家将这种效应称为"积累优势"。刚开始只有微弱优势，但随着时间推移，优势会越来越大。一株植物只需要在一开始占有一点优势，就能排挤掉竞争者，占领整片森林了……

良好与极好之间的差距比表面上看起来要小得多。最初，只是比竞争者略胜一筹，但随着每一次竞争，优势会叠加起来，差距会越拉越大……

随着时间的推移，那些略胜一筹的人最终获得了大部分的回报。

克利尔说，虽然亚马孙热带雨林有超过 16,000 种树木，但占森林面积 50% 以上的只有 227 种。

把这个概念运用到我自己的人生中，我想，这是来自不断发展的领导者的回报，这种回报是叠加的、复合的，而且你坚持得越久，优势就越大。

> **积累优势：最初的小优势会随着时间的推移而变大。**
>
> ——詹姆斯·克利尔

帕累托法则的复合效应

可以肯定的是，我敢承诺，如果你将帕累托法则全面运用于领导力方面，你的领导力回报将大幅增加。原因如下：

1. 最初的小优势积累成大优势——要有战略眼光

雨林的例子讲得很明白，如果你能找到自己的一个小优势，充分利用它，就能为你带来巨大的优势。在指导领导者时，我通常会要求他们从四个可能的方面来寻找和发展自己的个人优势：天赋、时机、人际关系和意向性。

天赋

高超的天赋或才能固然可以在早期把人区分开来，使天赋异禀者占得先机。然而，仅靠天赋并不能确保在竞争中一直保持领先，想要保持优势，需要明智的选择、有意地成长、自我修养和勤奋努力。天赋高的人很有可能会掉进一个陷阱，如果他们仅依靠自己的天赋，而不肯努力自我提升，那么其他更努力的人终究会超越他们。

在我 20 多岁的时候，我的领导才能和沟通天赋让我在同龄人中一枝独秀，但很快我就意识到自己需要继续提高这两方面的能力。我全身心投入自我提升，加倍努力，而不是浪费天赋。但试想一下，如果我没有下这样的决心，那么在我三四十岁的时候，我的才能比自己 22 岁的时候好不了多少，那会多么尴尬啊。

如果你发现你培养的领导者有天赋优势，要鼓励他们心存感激，并努力发展这些天赋。如果他们从小事做起，不断地积累，哪怕一开始是 1% 的优势，也能不断保持优势，让组织、其他领导者以及自己获益。

时机

在棒球比赛中，界外球和全垒打的唯一区别就在于击球手挥棒的时机，在正确的时间到达正确的地点就是一种优势。如果你能认识到这一点，准确把握住，那就更好了。

我已经从良好的时机中受益。1991 年，当我写下《开发你内在的领导力》（*Developing the Leader Within You*）时，我发现自己处于思考领导力的前沿浪潮中。在那之前，大多数为改善组织而写的书都集中在管理方面。但是，世界正在慢慢觉醒，开始意识到个人领导力的影响和如何发展领导力特质，人们不需要天生就具备这些特质。

如何帮助领导者利用时机来提高自身的领导优势呢？寻找切实可行的办法，让领导者、领导者团队甚至整个组织都够合理利用时机，形成优势。通常这意味着当机会出现时，你要成为第一个抓住机会的人。

人际关系

所以，成功的领导力很大程度上是基于你认识的人和认识你的人。良好的人际关系永远是一种优势，因为人永远是领导力的核心。我是幸运的，因为我在一位优秀领导者的家中长大，他了解人际关系的价值，非常用心地建立人际关系。我每天看着父亲重视、鼓励和领导人们，耳濡目染，这让我在人生和领导力方面起点很高。

你亲自与某位领导者建立关系，或者帮助其与其他领导者建立关系时，你就是在帮助他获得真正的优势。最近，卡莉·菲奥莉娜（Carly Fiorina）给我介绍了一位名叫凯西（Casey）年轻员工，卡莉告诉我："凯西为了加入我的活动，放弃了上哈佛法学院的名额。"多么好的机会啊。每年有数百名学生从哈佛法学院毕业，但只有少数人有机会参加惠普公司前 CEO 的总统竞选活动。优先考虑到这层关系，凯西得到了独一无二的学习机会。

意向性

很少有人能主动领导自己的人生。大多数人都是被动接受即将到来的事。他们是无意识的——即使他们的想法很好，相比之下，有意识的生活会将好的想法转化为好的行动，让人积极主动，而不是被动接受。有意识的生活是一改灰心丧气而成就自我的最佳途径。

有意识的生活会将好的想法转化为好的行动。

我一直是一个积极向上的人，但我并不总具有高度的意向性。1976年7月4日，那时我29岁，我感觉到一种培训和培养领导者的使命感，从那天起，我就一直专注于这个领域，有意为之。我演讲、写作，领导那些以培养领导者为目的的组织，始终保持自己一直走在开发领导力的道路上。

你是在帮助你的领导者变得更有意识吗？他们的主要道路是什么？他们最能有效发展的目标是什么？他们能预见最大回报的地方在哪里？你是否帮助他们确定了方向？你是否鼓励他们在这条路上不断成长？你是否帮他们找到了利用自身天赋的方法？

你在天赋、时机、人际关系或意向性等方面所能做的任何努力，都会给你的领导者带来一个小优势，而每一个小优势，如果持续下去，都有可能在未来成为巨大的优势。

2. 积少成多需要时间——要持之以恒

我很喜欢自己上了一定年纪，原因是我从人生中看到了并做了很多，有了自己的看法。我现在已经70多岁了，我观察到持之以恒具有不可思议的复合力量。如果你日复一日地做正确的事情，即使这些事微不足道，也会积少成多。需要很长时间才能叠加起来，但它们终究会积累起来。人的一生，不需要赢在起跑线上。要想赢得比赛，你不一定非要成为兔子，你可以是乌龟，但只要你日复一日，周复一周，年复一年，数十年地做着一件事，就能产生叠加效应。有时候，对于年轻人来说，很难有耐心做到这一点。但作为一个过来人，我可以告诉你，这一切都是值得的。

坚持不懈就有回报，我就是活生生的证明。今天，我所收获的正是几十年来默默播种、辛勤耕耘的结果。事实上，我收获之丰盛远远超过了我应得的，也超过了我所预期的，我想这是因为我已经坚持了很久很久，下面就来说说具体怎么做：

正确的选择 + 持之以恒 + 时机 = 显著回报

在领导力方面，我做了一系列不错的选择，然后把这些选择付诸行动。

1973 年，我开始相信，一切兴衰成败都取决于领导力。从那时起，我每天都投入到个人成长和领导力的培养中。

1976 年，我感觉到自己的使命是把我的人生献给培训领导者。几周之内，我就开始培训领导者，四十多年来，从未停歇。

1979 年，我开始写书，帮助领导者成长。从那时起，我就没有停止过写作。到目前为止，我已经写了一百多本书。

1984 年，我决定开发资源来指导领导者。从创建每月一课的录音带开始，一直到视频、CD、播客、研讨会、数字学习系统和各类培训项目。

1986 年，我创办了第一家专注于领导力发展的公司。此后，我又陆续成立了三家公司和两家非营利组织，都专注于培养领导者，几家组织至今仍然在不断壮大。

1994年，我开始要求领导者帮我培养更多的领导者。我的第一个非营利组织 EQUIP 制定了一项战略，即我们招募志愿者领导者到海外培训领导者，他们所培训的那些领导者承诺自己要培训更多的领导者。我们将继续在国内外使用这种领导力培训模式。

我刚才写的是，正确的选择 + 持之以恒 + 时机 = 显著回报，现在我稍微纠正一下这个公式：

正确的选择 + 持之以恒 + 时机 = 超乎想象的巨大回报

这是在任何领导领域取得成功的公式。

3. 少数领导者的回报会大于许多追随者的回报——有意为之

我一生中最伟大的领导力发现之一，是帕累托法则可应用于人，这对我来说具有革命性的意义。我从小被教导和鼓励要去爱每一个人，重视每一个人，这依然是我每天都努力做的事。但这并不意味着你应该培养好每个人！培养前 20% 的人，会产生复合叠加的成果。

比如你的团队有十个人，每个人的生产潜力均不相等。我相信你一定也认识到了这一点。前两名可能为团队创造了大部分的成果。你认为向谁投资最有可能产生最大回报呢？肯定是前两位领导者。为什么这么说？因为他们可以帮助其他人变得更高效。如果我的团队里有十个人，我就会把 80% 的时间和精力投入到前两名领导者——我的前 20%。我帮助他们增加价值，这样他们就可以为其他人增加价值。

四十年前，我就开始将这一原则运用到我的团队中，从而影响我的领导力。这样做不仅节省了我的精力，还带来了最高的回报率，因为我花在培养领导者的时间更少，培养效率却成倍提高，这就是用减法做乘法。

你可能会想，那其他人呢？难道他们不值得被培养吗？难道他们就该被冷落、被遗忘，一无所获吗？不，我不培养他们，不代表他们不被培养。这是我培养的那些最高层领导者应该做的事，他们应该去培养自身影响力能达到的最高层领导者，也就是我团队中的其他成员。因为组织中已经形成了一种领导力复制文化，正如我在第九章中所讨论的那样，每个人都应该培养他们后面的人。在这种环境下，每个人都有发展的潜力。得 9 分的人应该去培养得 8 分的人，得 7 分的人应该去培养得 6 分的人，得 5 分的人去培养得 4 分的人，以此类推。

今天我做的一切事情都是基于这个理念，我创办的公司，我们开发的资源，我写的书，都是专注于给领导者增加价值，让他们再为他人增加价值。我尽最大努力去培养最优秀的领导者——而他们也尽最大努力去培养最优秀的领导者——人人都是赢家。

成熟的领导者如何使你的投资回报率复合化

在本书的最后，我想帮助你理解已培养成才的领导者给你带来的复合效应，让你真正理解领导者的最大回报。好处很多，而且终生受益，这里我只给你讲讲我认识到的前七个好处。

1. 成熟的领导者帮你扛起领导重任

最近，有人问我："有什么比用你的天赋来帮助别人更伟大的事？"我的回答是："利用我的天赋与其他领导者合作，帮助更多的人。"一切兴衰成败都源于领导力，我为什么不把大部分时间花在帮助领导者更好地实践领导力上呢？

智睿企业咨询有限公司最近发布的一份报告指出：

拥有最高素质领导者的组织在关键底线指标上的表现，如财务业绩、产品和服务质量、员工参与度及客户满意度，比竞争对手高出 13 倍。具体来说，当领导者报告他们的组织目前的领导质量很差时，只有 6% 的组织的表现优于竞争对手。相比之下，与那些认为其组织领导质量优秀的公司相比——78% 的组织在底线指标上优于竞争对手。

你可能会凭直觉相信优秀领导力具有较高影响力，不过这份报告从统计学上验证了这一点。你难道不希望你的组织或团队的业绩比竞争对手高出 13 倍吗？拥有高质量的领导者的方法是培养他们。

早在 1996 年，当我成立非营利组织 EQUIP 时，我就清楚地知道自己要为全球每个国家培训领导者。但问题是，我们要如何完成这个任务？对于一个小团队来说，这简直是一个不可能完成的任务。我们需要的是成熟的领导者产生复合效应。因此，我们开始招募领导者，培养领导者。这花了十九年的时间，不过我们确实培养了来自世界各个国家的领导者。以下就是我们的方法。

·我们招募了400名志愿者，并开发他们来培训潜在的领导者。

·这些领导者连续三年，每年两次前往其他国家培训潜在领导者。

·这些领导者进行了4500次旅行，总行程达4900万英里。

·这些领导者为EQUIP筹集了5600万美元，用于制作领导力培训材料。

·这些领导者一共讲授了162,000节领导力课程。

·这些领导者要求受训的领导者培训更多的领导者。

·超过500万的领导者接受了培训！

没有这些领导者的帮助，这一切都不会发生。

创立EQUIP之初，我有一个伟大的愿景，却没有几个领导者来实施它。然而，这个愿景吸引了更多的领导者，这些领导者又扩大了愿景。刚开始，愿景比我们手中的资源大得多。于是，我们几个人开始行动起来，慢慢地有了资源。随着领导者不断发展和动员，这一愿景开始得以实现。这里有个经验：不要等资源来了才开始行动，从你所拥有的东西开始，不要等你有了需要的领导者才开始，就从你现有的领导者开始。如果愿景是正确的，对的领导者就会出现。

如果愿景是正确的，对的领导者就会出现。

2. 成熟的领导者会增加你的资源

当人们获得成功时，就容易碰壁，最终会意识到自己的资源比愿景有限，我们都想做太多的事情，但是一天之中没有足够的时间、足够的资源完成所有的事，或一生中没有足够的时间来完成所有事情。如何解决这个难题呢？答案是成熟的领导者。他们以一种其他方法无法做到的方式增加你的资源，让我们来看看他们如何做到的：

·时间：与你合作的领导者越多越好，你获得的时间就越多，因为你可以将权限授予你信任的人，将任务委托给他们，他们将出色地完成任务。

·思考：随着团队领导者的不断发展，他们变得更明智，更能提出有价值的建议。一群优秀的思想者一起工作，不错的点子会变成伟大的想法。

·生产：把培养成才的领导者聚集到同一个团队中，就像把自己的能力同时用于很多方面。在你的世界里，所有的事情都不再需要自己亲力亲为。别人可以带着球往前冲，去发展团队，去领导。

·人：随着领导者的发展，他们会吸引其他志同道合的人。

你组建的团队越强大，就会吸引越多的人加入其中。你的领导者可以为你招募人才，并进一步发展壮大你的组织。

·忠诚：当你培养出更多的领导者时，他们的生活得到了改善，他们通常会非常感激你，由此，作为额外的奖励，他们还发展出个人忠诚度，你的人生也会变得更加美好。

那些加入我的行列，与我同行的领导者，现已成为我的"左膀右臂"。随着高层领导者们不断发展下级领导者，他们也开始领导，策划活动，开展诸如午餐学习会、视频研讨会、公司研讨会，甚至制订培训计划。他们开始培训领导者，写博客，参与社交媒体以及寻找其他方法来为他人增加价值。他们正在做的事情很多很多，连续不断，持续进行。我个人只能做有限的事情。然而，这些领导者却有无限可能。

3. 成熟的领导者帮助你创造动能

《领导力 21 法则》中的动能法则说，动能是领导者最好的朋友，为什么呢？因为动能使大问题化小，普通人优秀和积极的改变成为可能。

我非常喜欢的一位演讲家兼咨询师迈克尔·麦奎因（Michael McQueen）关于动能的看法：

当动能在你这边起作用时，它确实给你带来了不公平的优势。当你有了有利于自己的优势，就不需要制定巧妙的策略来招募员工或说服客户——两者都会自然而然被你吸引，因为你正朝着某个目标前进，而他们想成为其中的一分子。

就像爱情掩盖了许多个人缺点一样，动能也覆盖了职业领域的许多缺憾。

拥有为你工作的动能让你看起来比实际更有才华，更加聪明。当动能站在你这一边时，你会通过杠杆得到比你应得的更多的东西。相反，当动能对你不利时，你会感到命运不济，有心无力——而实际情况并非如此。

创造动能的最佳方式是什么？充分利用领导力的积极力量。领导者都喜欢向前的运动，他们热爱进步胜过一切。想要独自创造动能，就像独自推动一辆四千磅重的汽车一样，你做得到吗？也许在平坦的地面上能做到，但如果有十几个力气相仿的人来助你一臂之力，是不是会更容易些？一群人不仅可以推动它，还会让它移动得很快。而且如果有必要的话，你们甚至可以推着它爬上坡——若你能一开始就发展出这种动能，效果尤佳。一批成熟的领导者会给你的组织带来了类似的优势。

4. 成熟的领导者可以扩大你的影响力

我曾经读到，《根》（Roots）和《马尔科姆–X自传》（The Autobiography of Malcom X）的作者亚历克斯·哈利（Alex Haley）曾经在他的办公室里放了一张照片，上面是一只乌龟坐在栅栏上。这是为何呢？为了提醒他自己多年前学到的一课：如果看到一只乌龟坐在栅栏上，你就知道它得到了一些帮助，没有人能单枪匹马取得成功。我们都需要他人，也都受益于他人。

多年前，当我刚开始受邀给团体演讲时，我承诺尽可能多地与领导者交谈。如果让我在教导一百位领导者和一千个追随者之间做选择，我会选择领导者。为什么呢？一百位领导者通常比一千个追随者的影响力大得多。所以，通过教导和培养领导者，我影响到了更多的人。当你培养领导者，他们与你一同工作时，他们的影响力就会和你的影响力融在一起，形成合力。这种影响力远远超出了你个人所能企及的范围。

5. 成熟的领导者让你时刻保持清醒

没有什么比领导一群正在发展成长的领导者更能让人保持清醒的了。若你所领导的团队正在成长，你就必须不断自我成长，才能继续领导好他们。我的朋友戴夫·安德森（Dave Anderson）在他的书 *Up Your Business* 中写到了领导者的成长，修复、构建或扩展组织的七个步骤：

很少有领导者或组织能够真正成就伟大，原因就在于他们变得优秀之后就停下了脚步。他们停止成长，拒绝学习，不再冒险，不愿改变。他们把以前的丰功伟绩作为证据，证明自己已经达成目标。这些成功组织的领导者相信自己的头条新闻，他们会把它写成书，做成手册，形成公式。这种心态使他们的企业从增长型转向维护型，并进行创新优化。

戴夫接着说：

企业的目标是努力发挥其最大的潜能。我对充分发挥潜能的定义是：高度专注，看自己能走多远，能做多好，能带多少人。现实决定了你很可能永远也发挥不出自己的全部潜能，但正是这段旅程让你保持谦逊、渴望和专注。

以为自己已经成为合格领导者，这种想法是很危险的。有人曾经说过，今天的孔雀就是明天的羽毛掸子。如果你想保持领导地位，就得不断成长，对领导者来说，没有什么比让潜在领导者得以成长更重要的了。

与更年轻、更渴望成长的领导者一起工作，会让我更加渴望成长。他们的激情点燃了我的火焰。他们在被击倒后能重新站起来的坚韧让我想站起来。他们对培养领导者的承诺，让我不断寻找可以培养的领导者。他们想留在比赛中的愿望激发了我的纪律性，来提高我的比赛水平，领导力的成长是会传染的，培养领导者的过程可以激励你不断努力成为最好的人。

今天的孔雀就是明天的羽毛掸子。

6. 成熟的领导者确保组织未来更美好

制造公司米德帕克公司（Mid-Park, Inc.）总裁 G·阿兰·伯纳德（G.Alan Bernard）说："一个好的领导者身边总会有比他更擅长特定任务的人，这就是领导力的标志。永远不要害怕雇用或管理比你更擅长某些工作的人，他们只会让你的组织更加强大。"

我的组织中有很多成熟的领导者，他们在完成特定任务时，比我做得更好，他们前途无量。目前，我正在着手必要的工作，准备把领导接力棒交给我的公司的 CEO 马克·科尔。马克已经和我一起工作了二十年，事实证明，他既是我的朋友，也是合格的领导者。

我请马克描述一下在这个准备过程中与我并肩作战的感觉，他是这样说的：

约翰的梦想比我的更宏大，他的想法更好，成就更大，机会也更多。虽然我很想完成自己的事，但我不能这么做。当你被选为某人的接班人时，你的事就不能再是你自己的了。作为一个"二把手"，我必须让自己的事与领导者相匹配，这让我与领导者保持一致，也促使我不断成长，不断进步，保持一致并不总是那么容易。

我是如何把约翰的事变成自己的事呢？

·我总是让自己可以为约翰所用。

·我每天问问题，以确保我清楚地知道哪些事对他很重要。

·我关注他，把了解他的内心和思想作为自己的责任，他正在学习的东西，我也去努力学习，认真观察哪些人给他带来活力，哪些人消耗他的能量。

· 当约翰的事发生变化时，我要保持灵活，跟上他的步伐。

· 我与团队中的每一个人充分沟通，确保他们与约翰步伐一致，尽己所能，尽我最大的努力代表他，而不是我自己的声音说话。

· 我让约翰随时了解情况，如果出现问题，我时刻准备着提供解决方案和选项。

· 我永远不会忘记，我们取得的所有成功都得益于领导者的远见、影响力及其工作计划。

我想最重要的是，要想成功，你必须真心爱上这位领导者的愿景和议程，以至于在伙伴关系中，不再分是谁的议程，因为你和领导者的议程交织在一起，成为大家共同的议程。

我知道我们组织的未来一片光明，因为有马克和其他领导者，在我不能继续领导时，他们还将继续前进。你的组织呢？如果你生病了，离开了你的组织，或者退休了，你的组织会有什么样的未来呢？如果你已经培养出强有力的领导者，亲自训练他们，再让他们培养出更多的领导者，那么组织的未来将同样一片光明。

7. 成熟的领导者会倍增你的投资

最后，优秀的领导者就是倍增器。他们接受他们所得到的一切，使其尽量增加。阿雷特·霍普斯（Arete Hoops）是一家旨在培养体育界变革型领导者的组织，其创始人奎恩·麦克道尔（Quinn McDowell）曾写过这种乘法或复合的理念，他从复利的概念中借鉴了这个理念。麦克道尔说：

复利是宇宙中最强大的力量之一。在财务上，在你的习惯上，甚至在整个人生中，这个理念具有变革性的力量，没有什么能与之相比。为了说明这一点，请想一个简单的投资公式。如果你有一笔4万美元的初始资金，在40年的时间里以平均10%的速度进行投资，你将成为百万富翁。但最关键的是：仔细研究一下你挣到的这100万美元的构成，你会发现一些有趣的事情。在这100万美元中，4万美元是初始资金，13.6万美元是本金单利，而复利高达86.9万美元。复利原则不仅适用于金钱，而且适用于生命中每一个有意义的领域。

人生最大的收益来自复利。

人际关系、习惯、金钱、成功和成长都是在正确的事情上一笔笔小额投资，随着时间的推移，这些投资会一层又一层不断叠加增长。

作为领导者，你必须像投资经理一样思考。

麦克道尔继续建议，领导者需要投资"初熟的果子"，持续投资，长期投资。换句话说，如果想在领导力领域看到复利的好处，我们需要每天投资于最优秀的领导者，先把自己最好的东西给他们，长期坚持下去。领导力的发展绝非一蹴而就，它是缓慢的，具有挑战性，旷日持久的。这是唯一真正有效的解决方案，而你必须有意识地投资。

巨大的投资回报率

我最喜欢的一个成功故事讲的是凯文·迈尔斯（Kevin Myers）。他的故事说明了培养领导者的复合回报。1997 年，我刚搬到亚特兰大，就开始定期指导凯文，希望把他培养成领导者。凯文是一位牧师。当时，他领导的会众越来越多，周末参会的人数有 800 人左右。在此之前，我就认识凯文了。那是几年前，我在一次会议上结识了他和他的妻子玛西亚（Marcia）。当时凯文刚从大学毕业。1987 年，我得知他要建立自己的教会，玛格丽特和我给他们寄去了一小笔钱，支持他们的工作。

1997 年，我们更加了解彼此。凯文的沟通能力很强，作为一位领导者，他的潜力巨大。不过，他的领导力也存在一些缺陷。我们开始定期见面，我让他向我提问，以他的问题作为我们每次会谈的议程。凯文谈及此事时说：“我的自我领导力立即发生了转变，因为一个走在我前面的人承诺要指导我，我必须深思熟虑，仔细思考哪些问题自己还没能解决。当你和同级别的人在一起的时候，你会觉得自己的技术不错，开始自以为是，总觉得自己的答案比问题多。可是，当你和一个比你水平高的人在一起时，你就会发现差距更大，你的问题比答案多。”

我和凯文见得越多，他的问题就越深入、越透彻，也越私人化。起初，凯文的许多问题都集中在如何发展他的 12Stone 教会上。凯文称这是在重塑他的领导理想，从一厢情愿变为切实可行。当他的教会周末人数超过 2000 的时候，他把精力专注于突破 3000 人。当时，我对他说，我相信你有能力领导一个至少 7000 人的教会（此后该教会的定期聚会人数比这个数字翻了一番）。"你帮我选了一座更高的山峰来攀登，"凯文写道，"你让一些曾经遥不可及的东西似乎变得触手可及——成为一种新的常态，这让我没有了仅仅满足于攀登更低山峰的借口。"

给凯文留下相当深刻印象的经历之一发生在得克萨斯州的埃尔帕索，在发展过程的早期。我邀请他在一次领导力会议上演讲，那是少有的一次被他搞砸了的演讲。事实上，凯文说这是他有史以来第一次完全没有与听众建立联系。在回家的飞机上，我帮助他复盘，从中汲取经验。后来，凯文说："当时你对我说，'不要把失败当作终点'，我只当作宽心的话。但当你带着我重新梳理了实际的经过后，我的心态就发生了转变。"同年，凯文在另一次大会上发表了演讲，演讲主题与埃尔帕索那次相同，但这次观众们全都起立为他鼓掌。

当凯文面临困难和挑战时，我和他坐在一起，帮助他渡过难关。"有时候，你梦想中的人生或领导力理想会死掉。"凯文说，"你教会了我如何举行葬礼，埋葬旧梦想，孕育新梦想。你让我学习到，优秀的领导者要学会创造新的梦想，攀登下一座山峰。"

谈到领导力的培养。凯文就像一条河流，而不是一个水库。无论我对他倾注了什么，他都会源源不断地倾注给别人。他接收培养不只是为了自己的利益。他还祝福别人，把自己最好的东西给别人。多年来，12Stone 成为 EQUIP 最慷慨的捐助者之一，他们还建立了一个领导力中心。为了纪念我，中心以我的名字命名。我看着凯文和 12Stone 的其他领导者，不断地致力于发展领导者，他们不遗余力地培养他们的员工。他们开展了一个培训项目，模仿医生毕业后接受的住院医师培训。到目前为止，他们已经培养了 130 名领导者，他们的培训项目还被其他教会采用，又培养了 100 名领导者。此外，几年来，凯文和他的执行牧师丹·瑞兰（Dan Reiland）亲自挑选新晋主任牧师，并指导了他们两年。截至目前，他们已经投资了其中的 51 位主任牧师。多年来，凯文还为新成立教会而培训领导者，12Stone 计划在这方面继续加强工作。

我为培养凯文而投入的一切，都产生了复合效应。他的生活方式、领导方式以及他倾注在其他领导者身上的一切，都产生了复合效应。这是我作为一位领导者所经历的最有价值的事情之一。我刚开始培养领导者时，并不知道它能给我带来如此不可思议的回报。我并不是为了这个原因才这么做，我培养领导者是为了让他们给别人带去益处。这仍然是我指导他人的动机。但我发现：

· 培养领导者会给他人以回报；
· 培养领导者会给领导者以回报；
· 培养领导者会给培养者以回报。

而奇妙的是，你也可以拥有同样的体验。你可以培养领导者，获得最大的回报。会遇到困难吗？肯定会的。需要很长的时间吗？你懂的。会犯错误吗？毫无疑问，会的。但是，这样做值得吗？绝对值得！无论你付出了什么，所得到的回报都会超出你的付出。培养领导者是你作为一位领导者所能做的最有影响力和最有价值的事情。如果你尚未开始，那还在等什么？时不我待。就从今天开始吧。

图书在版编目（CIP）数据

掌控管理 /（美）约翰·麦克斯韦尔著；张秘译
.—北京：北京联合出版公司，2022.6
ISBN 978-7-5596-6130-2

Ⅰ.①掌… Ⅱ.①约…②张… Ⅲ.①企业领导学
Ⅳ.① F272.91

中国版本图书馆 CIP 数据核字（2022）第 064204 号

THE LEADER'S GREATEST RETURN: ATTRACTING, DEVELOPING, AND
MULTIPLYING LEADERS
by
JOHN C. MAXWELL
Copyright:© 2020 BY JOHN C. MAXWELL
This edition arranged with HarperCollins Leadership
through Big Apple Agency, Inc., Labuan, Malaysia.
Simplified Chinese edition copyright:
2022 Beijing Xiron Culture Group Co., Ltd.
All rights reserved.

北京市版权局著作权合同登记 图字：01-2022-1414

掌控管理
作　　者：［美］约翰·麦克斯韦尔
译　　者：张　秘
出 品 人：赵红仕
责任编辑：孙志文

北京联合出版公司出版
（北京市西城区德外大街 83 号楼 9 层　100088）
三河市冀华印务有限公司印刷　新华书店经销
字数 175 千字　880 毫米 × 1230 毫米　1/32　印张 8.5
2022 年 6 月第 1 版　2022 年 6 月第 1 次印刷
ISBN 978-7-5596-6130-2
定价：56.00 元